このとおりやればすぐできる

社会調査

神林博史・三輪哲◉著

生きた実例で理解する

のための 統計学

〈改訂新版〉

基礎からやさしくわかる
現場の統計学

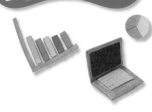

技術評論社

はじめに

　この本は、社会調査データ（社会学における統計データ）分析のための統計学の入門書です。

　社会の様々な問題を、もっともらしい印象論ではなく、きちんとした証拠に基づいて議論することの重要性は、近年、広く認識されるようになってきました。社会調査データは、その「きちんとした証拠」になり得るものです。しかし、社会調査データなら何でもいいというわけではありません。科学的に正しい方法で集めたデータを、正しい方法で分析し、分析結果をきちんと読み解いてはじめて、データに情報（証拠）としての価値が生まれます。

　社会調査データの分析には、SPSSなどの統計分析ソフトを使用するのが一般的です。こうしたソフトは便利なので、分析法のことを理解していなくても結果を出せてしまいます。しかし、それでは本当にデータを分析したことにはなりません。データ分析をきちんと「できる」ようになるためには分析法のことを十分に理解することが不可欠です。

　そこでこの本では、社会調査データの特徴をふまえつつ、統計学の基礎的な分析法の目的や考え方を、できるだけ丁寧に説明することを心がけました。数学が苦手という人も多いかもしれませんが、統計学の初歩的な部分は中学生レベルの数学で理解できますので、怖がる必要はまったくありません。（統計ソフトの使い方については、各ソフト専用の解説書が数多く出ていますので、そちらをご覧ください。）

　本書の作成にあたっては、神永正博（東北学院大学）、元治恵子（明星大学）、竹ノ下弘久（静岡大学）の各先生より、貴重なコメントをいただきました（所属先情報は初版出版時）。また、技術評論社の成田恭実さんには、大変お世話になりました。記して感謝いたします。

2024年4月　　　　　　　　　　　　　　　　　　神林博史・三輪哲

3

第15章 重回帰分析 267

エピローグ 本当の戦いはこれからだ！ 278

練習問題について

各章の練習問題（解答つき）を技術評論社ウェブサイトで
ご覧になれます。ぜひご利用ください。

第 **1** 章

データと変数

第 1 章のポイント

- ☐ データの構造
- ☐ ケース、変数、値
- ☐ 量的変数と質的変数
- ☐ 順序がつけられる質的変数と順序がつけられない質的変数

第1章の練習問題（解答つき）は、技術評論社ウェブサイトでご覧になれます。ぜひご利用ください。

先生、統計学って難しそうなんですが……

 難しそう、じゃなくて、難しい。

 や、やっぱり。だめだ。ぼく、数式を見ると震えが止まらないんです。

 そうだねえ、数式からは瘴気がにじみ出るんだ。だから数式を見ると拒否反応を示す人が多いんだね。古代バビロニアの数学者は、数式を直接見るのは目に毒だという理由で、薄いヴェールをかぶって研究していたそうだよ。

 そ、そうなんですか。じゃあ何で日本政府はそんな危険なものを放置しているんですか。これは恐ろしい陰謀の臭いが……

 ちょっと、この本はまじめな統計学のテキストなのよ！　冒頭からわけのわからない会話してどうするんですか。先生、でたらめ言わないで、まじめにやってください！

 統計学ってとっつきにくいから、おしゃれな会話で読者のハートをがっちりつかもうと……

 どこがおしゃれなのよ……今の意味不明の会話で、立ち読み中の読者様が買う気をなくしましたよ。

 まあ、統計学が難しいっていうのは、もっと高度なレベルでの話だね。この本で扱う部分だけなら、そんなに難しくはない。

中学生でも理解できるはずだよ。

中学生、ですか。

そう。**この本で必要になる計算は、＋ー×÷√だけ**。つまり足し算・引き算・かけ算・割り算と平方根だけだから。

でも、統計学のテキストって、わけのわからない式がたくさん出てくるじゃないですか。

そうなんだけど、ややこしそうに見える式も、実際の計算は＋ー×÷√で済むんだよ。そして、それぞれの式には、それぞれの意味がある。

意味……数式にそんなものがあるんですか。あ、もしかして暗号ですか。徳川の埋蔵金のありかとか。

いやいや、実はレティクル座の方からやってきた宇宙人が人類に託した重大なメッセージがね……

だから何でそういう方向に行くのよ。紙とインクと読者様の時間がもったいないでしょ！

「こういう風に計算すると、データのこういう特徴がわかるぜ！」っていうのが、数式の「意味」だね。データを処理するための考えかたを数式が表している、と言ってもいいかな。だからその考え方さえ理解できれば、難しくないよ。

1-1
社会学における
データ分析

　社会学とは、社会の中で生じる様々な現象を、個人と社会の関係の観点から分析・説明・理解する学問です。

　社会学は、他の人文社会科学系の学問と比べて、その学問の中核となる分析対象が曖昧です。たとえば、経済学なら「お金」、法学なら「法律」、心理学なら「心」がそれぞれの学問分野の分析の中心になります。社会学の場合、関心の対象は社会それ自体、あるいは社会の中で生じる様々な現象や問題（社会現象・社会問題）です。

　しかし、社会というのは非常に幅広い概念ですし、私たちの周囲で起きる現象や問題はほとんど全てが何らかの形で社会と関係していますので、社会現象や社会問題の範囲も広くなります。そのため社会学が扱う対象は中核がはっきりせず、何でもありになります。表1－1は、日本社会学会が作成した社会学の研究分野の一覧です（2023年1月現在）。

表1－1　社会学の研究分野（日本社会学会による専攻分野分類）

社会哲学・社会思想・社会学史	人口	民族問題・ナショナリズム
一般理論	教育	比較社会・地域研究
社会変動論	文化・宗教・社会意識	差別問題
社会集団・組織論	社会心理・社会意識	性・世代
階級・階層・社会移動	コミュニケーション・情報・シンボル	知識・科学
家族	社会病理・社会問題	余暇・スポーツ
農漁山村・地域社会	社会福祉・医療	環境
都市	計画・開発	その他
生活構造	社会学研究法・調査法・測定法	
政治・国際関係	経済	
社会運動・集団行動	社会史・民俗・生活史	
経営・産業・労働	法律	

　ここには32の研究分野が掲載されていますが、それぞれの分野の中で研究内容がさらに細分されるので、実際の研究対象はより多様になります。

　いかがでしょうか。この「何でもあり」というのが、社会学の面白さでもあり、やっかいな点でもあります。なぜなら、対象が何でもありということは、対象を研究・分析する方法も多様になるからです。この本は統計データ分析の本なのでその方面に限定しても、データの種類や性質、データの集め方、そしてデータを分析する方法も、多種多様になります。

　といっても、心配はいりません。冒頭の会話にもあったように、本書で必要な数学的な知識は＋－×÷√だけだからです。

　統計学は、数字（データ）を扱う学問です。そのため、本書でも様々な数式が登場します。数学が苦手な人は数式なんて見たくもないかもしれませんが、統計学を習得するためには、数式は避けて通れません。

　しかし、数式を必要以上に恐れる必要はないのです。統計学で登場する様々な数式には、それぞれきちんとした「意味」があります。数式の意味をきちんと理解できれば、統計学は決して難しいものではありません。この本では数式の意味を、できる限りていねいに説明していきます。

　社会学において、社会のことを調べるための主な手段は「**社会調査**」です。社会調査とは、社会または社会集団の特徴を記述するために、現地調査によってデータを直接に蒐集し、処理・分析する過程のことをいいます（原・海野 2004）。

　社会調査にもいろいろな方法がありますが、この本では「**量的調査**」と呼ばれる調査のデータの分析を扱います。量的調査とは、質問紙（アンケート、調査票）を用いて、一度に多くの人々を調査する方法です。

　量的な調査は、社会調査だけでなく、マスコミが行う世論調査、行政機関が行う各種調査など、広く行われています。こうした調査データを分析することは、社会を理解するための重要な手段なのです。

1-2
データとは何か

　統計学はデータ分析の科学です。では「**データ**」とは何でしょうか。日常用語としてのデータにはいろいろな意味がありますが、統計学におけるデータは、基本的に「数値化された情報の集合」のことです。

　社会学で分析の対象となるのは、おもに社会調査のデータです。たとえば、次のような調査を行ったとしましょう。

㊙アンケート

文句を言わずに俺様の質問に答えろ。

問1　おまえは男か女か、どっちだ。○をつけろ。
1）男性　　2）女性

問2　おまえは何歳だ。数字で答えろ。
　　　　歳

問3　おまえの身長と体重はどれくらいだ。数字を書け。正直にな。
　　身長　　　cm、体重　　　kg

問4　おまえの血液型は何だ。どれか1つに○をつけろ。
1）A型　　　2）B型　　　3）O型　　　4）AB型

問5　おまえはいま幸せか。どれか1つに○をつけろ。
1）不幸　　2）どちらかといえば不幸　　3）どちらともいえない
4）どちらかといえば幸せ　　5）幸せ

今日はこれくらいで勘弁してやる。

すいぶん偉そうな上に、目的がよくわからない怪しいアンケートですね。こういった調査は対象者に大変失礼ですので、読者の皆さんは絶対にまねしてはいけません。

さて、調査の結果、100人の対象者から回答を得ることができたとします。その100人分の回答は、通常、次のような形でデータになります。

表1－2　データの基本構造

対象者番号	問1 (性別)	問2 (年齢)	問3 (身長)	問3 (体重)	問4 (血液型)	問5 (幸福度)
1	1	34	154	75	1	5
2	1	25	181	91	3	2
3	2	19	164	50	4	3
4	2	48	148	37	2	1
・・・	・・・	・・・	・・・	・・・	・・・	・・・
100	1	39	175	72	3	1

まず、表の基本的な構造を確認しておきましょう。表の横方向のことを「**行**」、縦方向のことを「**列**」と呼びます。

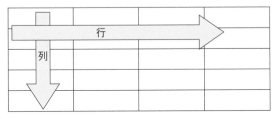

表1－2の場合、それぞれの行がひとり分のデータを表しています。いちばん左の列の「対象者番号」は回答者一人ひとりを区別するためにつけられた番号です。これが「1」の人は1人目の回答者であることを意味します。対象者番号1の行を左から右へと見ていくと、この人がどのような回答をしたのかがわかります。

すなわち、この人は男性で34歳、身長154cm、体重75kgで血液型はA型、現在とても幸せ、となります。対象者番号2から100も、同じように見ることができます。これが統計分析で扱う標準的なデータの形です。

1-3
ケース・変数・値

　データを分析するためには、データの構成要素をきちんと知っておく必要があります。データは、(1) ケース、(2) 変数、(3) 値、という3つの要素からなっています。

① ケース

　表1-2の場合、それぞれの行が回答者の1人分の情報です。言い換えると、個人を単位としてデータが作られています。このように、統計データを構成する単位のことを「**ケース**」と呼びます。通常の場合、データの1行が1つのケースに相当します。

　統計データにおけるケースの単位は、何でもありです。個人の他にも、家族や世帯のように小規模な集団、学校・企業・チームといった組織、市町村・都道府県・国などの行政単位など、いろいろなものがデータのケースとなります。

② 変数

　「変な数」とか「変わった数」のこと？　なんじゃそりゃ、と思う人もいるかもしれませんが、違います。「**変数**」とは「変化する数」、さらに詳しく言うと「ケースによってその数値が変化するもの」のことです。変数はデータに含まれる各ケースが持っている性質を表現します。

　表1-2の場合、つまりデータのそれぞれの列が変数になります。たと

えば、対象者番号。これは回答者ごとに1から100までの異なる数字が与えられた変数です。対象者番号はケースによって、その数値が違って（変化して）いますね。アンケートの質問もすべて変数です。性別は男性と女性の2つしかありませんが、これもケースによって数値が異なります。身長も、体重も、血液型も、幸福度（幸せかどうか）も同様です。

　変数は英語でvariableといいます。これは「変わる」とか「異なる」を意味する動詞varyと「○○できる」という意味の接尾辞ableが組み合わされたものです。つまりvary + ableで「変化できるもの」というニュアンスですね。

3 値
あたい

　「値」とは、それぞれの変数がとる具体的な数値のことです。表1−2を例にすると、「性別」という変数の値は1と2、血液型という変数の値は1から4になります。

1-4
変数の性質を理解しよう

① 変数の性質と分析法の関係

　統計データの分析を行う上で不可欠なのが、変数の性質を理解し、区別することです。

　データ分析は、基本的に変数を対象に行います。たとえば、表1－2のデータから平均身長を求めるのは、「身長」という変数の平均値を計算することに他なりません。あるいは「男性と女性ではどちらのほうが幸せを感じているか」を調べる場合、「性別」という変数と「幸福度」という変数を組み合わせて、その関係を分析することになります。

　変数の性質を理解することが重要な理由は、変数によって最適な分析方法が異なるからです。私たちは、紙を切るのにハサミやカッターを、魚や野菜などの食材を切るのに包丁を使います。ハサミやカッターで食材を切ることも、包丁で紙を切ることも不可能ではありません。しかし、普通はそういう使い方はしません。理由は簡単、紙を切るにはハサミやカッターが便利だし、食材を切るには包丁のほうが便利だからです。道具は、対象の性質に応じて作られ、使い分けられます。道具が本来の性能を発揮するのは、その道具が想定している対象を扱うときです。

　データ分析も同じです。この本でも様々なデータ分析の方法が登場しますが、それらは**変数の性質に応じて作られています**。したがって、それぞれの分析方法が本来の性能を発揮するためには、その分析法に適した変数をあてはめなくてはいけません。

　変数の分類方法は、大きく言って2つあります。1つは「**変数の値の性質を基準とする分類**」、もう1つは「**変数の関係を基準とする分類**」です。

ここでは、とりあえず前者についてのみ解説します。

② 量的変数と質的変数

　表1－2のデータでは、アンケートの回答はすべて数値化されています。しかし、表面的には同じように見えるこれらの数値には、実は重要な違いがあります。

　その違いとは「**値が量としての性質を持っているかどうか**」です。「量」とは、長さ・数量・重さ・金額などのように、数え上げたり、計器で測定することで得られる**連続的な数値**のことです。表1－2で言えば、年齢・身長・体重がそれにあたります。

　これらの数値は、ケースの大小関係や比例関係を表しています。たとえば、40歳の人は20歳の人より20年ぶん年上です。そして、40÷20=2という計算から「40歳の人は20歳の人より2倍長く生きている」ことがわかります。何を当たり前のことを言ってるんだと思う人もいるかもしれませんが、実はこれはとても重要な性質なのです。このように、数値が量としての性質を持っている変数のことを、「**量的変数**」といいます。量的変数は、45.6とか-3.2のように、小数点以下の値、あるいは負の値をとる場合があります。

　他方、対象者番号や性別や血液型も数値になっています。しかし、これらの変数に与えられている値は、お互いを区別・分類するために使用されており、値それ自体に意味はありません。たとえば、性別は「1＝男性、2＝女性」と数値化されています。この値のつけかただと、女は男より劣っているという暗黙のメッセージを送ることになるのでけしからんと主張する人がいますので、その意見にしたがって「1＝女性、2＝男性」としてみましょう。この数値のつけかたでも性別は区別できますので、実用上は何の問題もありません。あるいは「0＝男性、1＝女性」でもいいですし、「4649＝男性、5963＝女性」でもいいですね。

そして、ここが重要なのですが、性別が「1＝男性、2＝女性」となっていても、「女性は男性の2倍○○だ」とは言えません。これが「値それ自体には意味はない」と述べた理由です。このように、変数の値が量としての性質を持っておらず、**単に変数の中身を区別するためにのみ値が用いられる変数**のことを「**質的変数**」といいます。質的変数は、原則として正の整数の値しかとりません。

なお、質的変数における対象の区別のことを「**カテゴリー**」といいます。性別は男性と女性の2つのカテゴリーを持つ変数、血液型は4つのカテゴリーを持つ変数という風に使います。質的変数とは「カテゴリーを区別するためにのみ、値が用いられる変数」と言ってもいいでしょう。

まとめると、以下のようになります。

ポイント

量的変数：変数の値が、連続的な量としての性質を持っている変数。小数点以下の値・負の値をとることがある。

※「量」：数え上げたり、計器で測定することで得られる連続的な数値。

質的変数：変数の値が、カテゴリーを区別・分類するために使われている変数。正の整数のみで、小数点以下の値・負の値にはならない。

表1−2で言えば、「年齢」、「体重」、「身長」が量的変数、「対象番号」、「性別」、「血液型」が質的変数となります。社会学におけるデータ分析では、他の分野に比べて質的変数がよく登場します。

ところでアンケートの問5の「幸福度」はどうなるのでしょうか？　実はこの変数は、量的変数と質的変数の中間的な性質を持っています。これについては後で説明しますので、ひとまずお待ちください。

③ 量的変数と質的変数の簡単な見分けかた

　量的変数と質的変数の区別はとても大切ですが、この2つを見分けるのは、慣れないうちは大変かもしれません。でも大丈夫。量的変数と質的変数を区別するとても簡単な方法があるのです。「平均値を計算して意味があるかどうか」という基準で判断すればOKです。

> **ポイント** 平均値を計算して意味がある変数は量的変数、意味がない変数は質的変数

　どういうことか説明しましょう。表1−2の量的変数、たとえば年齢の平均値を計算すれば、対象者の平均年齢がわかります。平均年齢が56.7だったら「このアンケートの回答者は年齢が高めの人が多かったようだ」ということがわかりますね。同様に、回答者の平均体重が123.4kgだったら「力士を対象にした調査だったのか？」などと推理できます。でなければ、データに間違いがあるのでしょう。このように、量的変数の場合、その平均値からいろいろと意味のある情報を引き出すことができます。

　質的変数の場合はどうでしょう。表1−2のデータの場合、血液型は「1＝A型、2＝B型、3＝O型、4＝AB型」となっていました。この平均値を求めたところ、3.4だったとします。しかし、それがわかったとしても「何それ？　どういうこと？」となりますよね。質的変数の場合、数値は互いを区別するためにのみ与えられているので、平均値を計算しても、量的変数と同じように理解することはできません。質的変数の場合は、平均値ではなく「A型＝30％、B型＝10％…」のように、各カテゴリーの比率を計算しないと、意味のある情報が得られません。これが「平均値を計算して意味があるかどうか」ということです。

④ 質的変数と順序づけ

　22ページで「『幸福度』という変数は、量的変数と質的変数の中間的な性質を持っている」と述べました。この変数は「1＝不幸」から「5＝幸せ」の5段階で測定されており、数値が大きくなるほど、幸せを感じている度合いが強くなります。この点で、幸福度は量的な性質を持っています。

　しかし、「2＝どちらかといえば不幸」と「4＝どちらかといえば幸せ」の値の関係（4÷2＝2）から、「どちらかといえば不幸」と回答した人は、「どちらかといえば幸せ」と回答した人に比べて2倍不幸である、とは必ずしも言えません。「どちらかといえば不幸」という人と「どちらかといえば幸せ」という人の幸福度には、2と4ほどの違いがないかもしれませんし、逆に2と4以上に大きな違いがあるかもしれないからです。人の心を何らかの計器で正確に計ることは、今のところできませんので、実際の幸福度にどれくらいの差があるのかは、誰にもわかりません。

　この変数の場合、値の順序には明確な意味がありますが、値それ自体は幸福度を直接的に反映しておらず「他の選択肢とは違う」ということを示しているに過ぎません。その意味で、幸福度は質的変数であるとも言えます。

　量的変数と質的変数の中間的な性質、ということの意味がご理解いただけたでしょうか。それでは、結局これはどちらに分類すればいいのでしょう。基本的には、数値の順序関係（大小関係）のみに意味がある変数は、質的変数とみなします。

　質的変数は、以下の2種類に分類することができます。

（1）順序がつけられる質的変数
　　（順序づけ可能な質的変数）
（2）順序がつけられない質的変数
　　（順序づけ不可能な質的変数）

　「幸福度」は、幸せを感じる度合いによって回答に順序をつけることができますので、順序がつけられる質的変数です。他方、性別や血液型のカテゴリーには明確な順序をつけることができませんので、順序がつけられない質的変数になります。

　順序がつけられる質的変数は、量的変数に近い性質を持っているので、平均値を計算しても大丈夫です。たとえば「幸福度を5点満点で質問したとき、その平均は3.4点でした」という結果は、決して意味不明ではありませんね。

　以上で、データと変数についての説明は終わりです。次の章からは、いよいよデータ分析の方法について説明します。

数式のことですが、Σ（シグマ）がもうだめなんです。怖いです。北海道のおばあちゃんが言ってました。「Σとヒグマには近寄っちゃなんねえ」って。

はあ？　何それ。

いや、その恐怖は正当なものだよ。Σはギリシャ文字だけど、これは大きく開いた鮫の口を表現したものだと言われているんだ（嘘）。エーゲ海で猛威を振るった凶悪な人食い鮫が、古代ギリシャ文明に恐怖を刻み込んだんだよ（大嘘）。

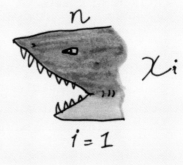

やっぱりそうなんだ。

もう、いい加減にしてください。まったく、シグマとヒグマなんて低級ダジャレ、よくまあ恥ずかしげもなく言えるわねー。

いや、このギャグって某学会が出してる由緒正しいテキストに書いてあったんだけど……

まじめな話をすると、Σは全然たいしたことないよ。ただの足し算だから。

そうなんですか。ぼく、視力は2.0ですが、どう見ても足し算には見えません。これ。

$$\sum_{i=1}^{n} x_i$$

 心のきれいな人には、足し算に見えるんだよ。

 ええっ。もうだめだ！　やっぱり大学に入ってあんなことやこんなことを覚えたのがいけなかったのか……。

 あのねえ…Σそのものが「足せ」っていう意味なのよ。

 そうなの？　でも、このΣの周りについている記号がまた意味不明で……「$i=1$」とか「x_i」とか。

 あんたそれでよく大学に入れたわねー。

 まあまあ。じゃあ、説明してあげてよ。

 しょうがないわね。じゃあ、まずx_iって部分ね。xは変数を表す記号なの。だから実際に計算するときは、「身長」とか「年収」とか「友人の数」とか、具体的な変数を扱うわけ。

 ならxって書かないで「変数」って書けばいいじゃん。

 xのほうがおしゃれだからね。

 （無視して）で、xには「i」っていう添え字がついてるわね。

27

これは、iPadやiPhoneと同じで、「このxはアップル社の製品です」ってことを表しているんだ（嘘）。

へえ。数学の世界まで支配できるなんて、アップルって景気いいんですね。

これは、ケース番号を表す記号なの。「x」が具体的な変数に対応しているように、「i」は個々のケースの番号に対応しているのよ。例えば$i=1$、つまりiが1の場合、「x_i」は「x_1」になるわけ。この「x_1」は「1番目のケースのx」を意味するの。同じように、$i=2$、つまりiが2の場合はx_2で、これは「2番目のケースのx」ってことになるの。

　17ページの表1－2を例にしてみましょう。xを身長とすると、x_1は1番目のケース、つまり対象番号1の身長、x_3は3番目のケース（対象番号3）の身長になるの。具体的には、154と164という値になってるわね。

うん。

じゃあ、xを血液型とすると、x_4とx_{100}はどうなるかな。

えーと、x_4が「4番目のケースの血液型」なので、具体的には「2」つまりB型。x_{100}は「100番目のケースの血液型」で、「3」だからO型ですね。

わかってるじゃない。要するに「x_i」を言葉に置き換えれば「ケース番号iの変数xの値」ってこと。

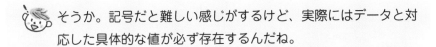 そうか。記号だと難しい感じがするけど、実際にはデータと対応した具体的な値が必ず存在するんだね。

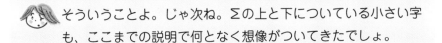 そういうことよ。じゃ次ね。Σの上と下についている小さい字も、ここまでの説明で何となく想像がついてきたでしょ。

iはケース番号のことだったから、$i = 1$なら「1番目のケース」ってことだよね。それはわかるけど、上のnは？

これも実はケース番号なの。だから本当は「$i = n$」って書いてもいいんだけど、ふつうは省略しちゃうの。

なんで？

これには深い事情があってね。17世紀フランス、若き数学者と高貴な姫君の許されない恋が……（嘘）。

はいはい。まあ、昔からのお約束ってことで。実際の計算では、nは100とか1467とか、具体的な数値が入るわけね。下のiも「$i = 4$」とかになる場合もあるし。
　で、「Σ記号の下についてるケース番号から、上についてるケース番号までのxを全部足しなさい」っていうのが、Σの意味なの。つまり、Σの上下についてる文字は、下から上に読むわけ。Σの下についているのが「$i = 1$」で、上についているのが「50」だったら「x_1からx_{50}までを全部足す」つまり「ケース番号1から50までのxを全部足す」ということになるの。
　まとめると、こういうことになるわね。

③n番目まで、全部足す！

①変数 x を

$$\sum_{i=1}^{n} x_i$$

②i番目から（この場合は「$i=1$」だから、1番目から）

あー、なんとなくわかってきた。

別の表現をすると、次のようになるね。

$$\sum_{i=1}^{n} x_i = x_1 + x_2 + x_3 + \cdots + x_n$$

なら、Σなんて使わずに「＋」だけでいいじゃないですか。

いや、ケースがたくさんあると、式を書くのも大変だよ。1万ケース、つまり x_1 から x_{10000} の足し算を「＋」を使って書いてみるとどうなるかな。

$x_1 + x_2 + x_3 + x_4 + x_5$……って、面倒くさいですね。

はやっ。せめて x_{20} ぐらいまで頑張りなさいよ。

でもΣを使えば、$\sum_{i=1}^{10000} x_i$ と、はるかに簡単に書けるよね。ちなみに、Σってのは、英語だとSにあたるギリシャ文字で、Summation（総和＝全部足す）の略だよ。

ということで、Σの計算は実際はただの足し算。式の意味さえ理解できれば、小学生でも計算できるわけよね。

第 **2** 章

変数の特徴を分析しよう(1) 変数の分布と中心

第 2 章のポイント

☐ 度数と比率

☐ 階級

☐ さまざまなグラフ

☐ 平均値、中央値、最頻値

第 2 章の練習問題 (解答つき) は、技術評論社ウェブサイトでご覧になれます。ぜひご利用ください。

先生、データ分析って、いろいろな方法がありますよね。

 そうだね。データ分析は、その目的によって方法が異なるんだ。

 え、それならレティクル座からUFOを呼ぶためのデータ分析法とか、日本をインドにするためのデータ分析法なんてのもあるんですか。

 ……もうちょっと現実的なことを言いなさいよ。

 じゃあ、今日のおやつをモンブランケーキにする方法でいいです。

 はいはい。ページがもったいないので先生の解説に入りまーす。

 データ分析の目的は、大きく言うと2つあるんだ。第一に、1つひとつの変数の特徴を調べること。第二に、複数の変数の関係を調べることだね。

 1つひとつの変数の特徴というと、Aはスプーン曲げが得意だとか、Bは霊媒師の家系だとか、Cは漬物オタクだとかですか。

 それはあんたの友だちの特徴でしょ。変数の特徴っていうのは、平均値とか比率みたいなやつのことよ。小学校で習ったでしょ。

 そう。ただし、平均値や比率も変数の特徴を知る方法ではあるけれど、そもそも何を変数の「特徴」とするかも、いろいろ考

えられるよね。だから、それ以外にもいろいろな方法があるんだ。

 そうか。人の特徴だって、外見に注目する場合もあれば、性格に注目する場合もありますよね。

 あら、珍しくまともなこと言うじゃない。

 じゃあ、まずは平均値や比率に関係する方法から説明しようか。

 はーい。

2-1
質的変数の特徴を
調べよう：度数分布表

　変数の基本的な特徴を表現する数値のことを「**記述統計量**」あるいは「**基礎統計量**」と呼びます。「統計量」とは、変数の性質や特徴を表現する数値の総称です。

　第1章で「平均値に意味があれば量的変数、意味がなければ質的変数」と説明しましたが、量的変数と質的変数では、特徴を把握する方法も異なります。

　この章ではまず、質的変数の基本的な分析方法から説明しましょう。

　質的変数の性質を知るための最も基本的な方法は「度数」を求めることです。度数とは、質的変数の各カテゴリー、たとえば「性別」という変数における「男性」と「女性」というカテゴリーのケースの数のことです。

　度数がわかれば、おなじみの「比率」（百分率：パーセント）を計算することができます。**比率**とは、それぞれのカテゴリーがケース全体のどれくらいを占めているかを表現する数です。ケース全体を1（＝100％）としたときに、あるカテゴリーがどのくらいの割合になるか、という意味ですね。

・**度数**
　それぞれの値の出現数を数えたもの。

・**比率**
　データ全体の度数を分母としたときの、各カテゴリー（値）の割合を示す数値。全体を100としたときに、各カテゴリーがどのくらいの値になるかの割合を示すので「**相対度数**」と呼ぶこともあります。

比率（％）＝あるカテゴリーの度数÷全体の度数×100

変数に含まれるカテゴリーの度数を一覧表にまとめたもののことを「**度数分布表**」と呼びます。「**分布**」とは、変数に含まれる値が、それぞれどれくらいあるのかを示す情報のことです。度数分布表には、度数だけでなく比率も掲載するとわかりやすくなります。

表2－1は、度数分布表の例です。「あなたは『あの世』というものを、信じますか」という質問の回答の分布をまとめたものです[1]。

表2－1　度数分布表の例（あの世を信じるか）

	度数	比率
信じる	654	41.3
どちらともきめかねる	304	19.2
信じてはいない	543	34.3
その他・わからない	83	5.2
合計	1584	100

出典：統計数理研究所「日本人の国民性調査」（2018年）

「信じる」と回答した人は654人で全体の41％、「信じてはいない」と回答した人は543人で全体の34％……というように、それぞれのカテゴリーの回答者と、全体に占める割合を把握することができますね。これが最も基本的な変数の特徴を把握する方法です。

1　出典：統計数理研究所「日本人の国民性調査」（2018年）。なお、本書作成時点では詳細な比率と度数が公表されていなかったため、ここでは公表済の結果から著者が独自に再集計した数値を用いています。

2-2
量的変数の特徴を調べよう（1）
たくさんある値を区切る（階級）

量的変数についても、質的変数と同じように度数分布表を作成することができますが、分析には不便なことが多いです。なぜなら、量的変数は質的変数よりも多くの値を含み、それぞれの値の度数が小さい場合が多いので、表のサイズが非常に大きくなってしまうからです。

表2-2は、ある調査の対象者の年齢をそのまま度数分布表にしたものです。20歳から69歳までありますが、これだけの年齢を一歳ごとに集計しても、わかりにくいですね。

こういう場合は、**量的変数の値を適当な幅で区切って集計す**

表2-2　年齢の度数分布表

年齢	度数	比率
20	44	.8
21	77	1.3
22	57	1.0
23	59	1.0
24	57	1.0
25	55	1.0
26	76	1.3
27	57	1.0
28	69	1.2
29	83	1.4
30	87	1.5
・・・	・・・	・・・
65	163	2.8
66	184	3.2
67	139	2.4
68	144	2.5
69	149	2.6
合計	5710	100.0

出典：「社会階層と社会移動」全国調査（2005年）

ればわかりやすくなります。表2-3は、年齢を10歳ごとにまとめて度数分布表にしたものです。うーん、すっきり。

表2－3　年齢を区切ってまとめてみた場合（年齢階級の度数分布表）

年齢	度数	比率*	累積度数	累積比率
20-29	634	11.1	634	11.1
30-39	1052	18.4	1686	29.5
40-49	1109	19.4	2795	48.9
50-59	1424	24.9	4219	73.9
60-69	1491	26.1	5710	100.0
合計	5710	100.0		

出典：「社会階層と社会移動」全国調査（2005年）

　このように、量的変数の値を一定の範囲にまとめてカテゴリーにしたものを「**階級**」と呼びます。階級の区切り方は、特に決まった方法はなく、分析者が自由に設定することができます。年齢の場合は、10歳刻みや5歳刻みがよく使われます。なお、量的変数を度数分布表にする場合は、一番上が最も小さい値、一番下が最も大きい値になるように作成するのが基本です。これは、階級に変換した場合も同じです。

　ところで、表2－3には、「**累積度数**」と「**累積比率**」が表示されています。度数や比率はカテゴリーごとに示すのが基本ですが、これを上から順番に合計していったものが累積度数および累積比率です。順序がつけられる質的変数や量的変数の度数分布表で使用すると「39歳以下のケースはどのくらいいるか」といった場合のように、ある値より小さいケースを合計した度数や比率を把握できるので便利です。（順序のつけられない質的変数の度数分布表では、累積度数や累積比率は基本的に用いません）。

* この表の場合、比率をすべて足すと100ではなく99.9になります。これは、値を小数点第1位で四捨五入しているため、切り捨てられた部分があるからです。（小数点第3位まで使うと、11.103 + 18.424 + 19.422 + 24.939 + 26.112 = 100になります。）このような場合は、「比率は小数第1位で四捨五入したため、合計が100にならない」といった注をどこかにつけた上で、合計を100とすることが多いようです。

2-3
度数分布表を
グラフにする

　度数分布表は、そのままでも便利なのですが、グラフにするとよりわかりやすく印象的に提示することができます。

　図2−1から図2−5は、様々な社会調査のデータをグラフにしたものです。

　まず図2−1は**棒グラフ**です。これは、ある調査で「1年以内に小説や歴史の本を読んだことがある」と回答した人の比率を、回答者の学歴別に比較したものです。学歴が高い人ほど、本を読む傾向があることがわかります。

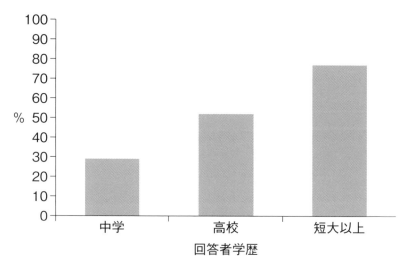

出典：「社会階層と社会移動」全国調査（2005年）

図2−1　「1年以内に小説や歴史の本を読んだことがある」の学歴別比率

　図2－2は**折れ線グラフ**です。これは「お宅の生活は、去年の今頃と比べてどうでしょうか」という質問に「向上している」と回答した比率の約40年分の変化を示したものです。生活が「向上している」という人は、1970年代前半に急落し、それ以降、ゆるやかに低下し続けていることがわかります。

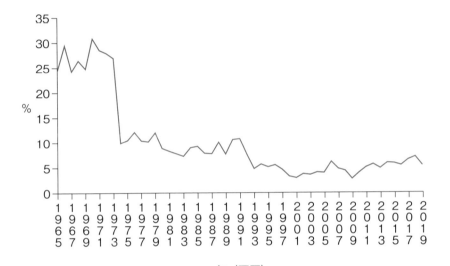

年（西暦）

出典：内閣府「国民生活に関する世論調査」

図2－2　生活が「向上している」という回答の変化（1965年－2019年）

　図2－3は、**円グラフ**です。これは、表2－1の「あの世」の存在に関する質問の度数分布表をグラフにしたものです。円グラフでは、円全体が100％を、扇形に分けられた部分の面積が、それぞれの回答の比率を表しています。なお、グラフ内の数値を合計すると99になりますが、これは表2－1の小数点以下の数値を省略したためです。

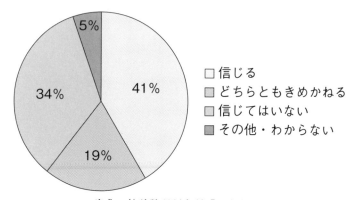

出典：統計数理研究所「日本人の国民性」（2018 年）

図2−3 「あの世」の存在を信じるかの各回答の比率

　図2−4は**帯グラフ**です。これは「子供を一人だけもつとしたら、男の子がよいですか、女の子がよいですか、それとも、どちらでもよいですか」という質問への回答を、男女別にまとめたものです。

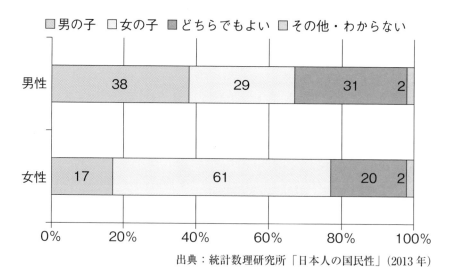

出典：統計数理研究所「日本人の国民性」（2013 年）

図2−4 「男の子と女の子どちらがよいか」の男女別回答

　帯グラフは、横一本の帯の全体が100％を、帯の中の区切られた各部分が回答の比率を表します。円グラフと似た方法ですが、複数のグループの回答を比較したいときは、円グラフよりも帯グラフのほうが便利です。

　このグラフでは、男性は男の子を好み、女性は女の子を好むというように、自分と同じ性の子供を望む傾向があることがわかります。

　図2−5は、表2−3の年齢階級の度数分布表をグラフにしたものです。棒グラフに似ていますが、図2−1と違って、棒の間にすきまがありません。このように、縦軸を度数、横軸を階級とする棒グラフを「**ヒストグラム**」と呼びます。棒の間にすきまを作らないのは、本来は連続的な数値を区切っていることを示すためです[2]。

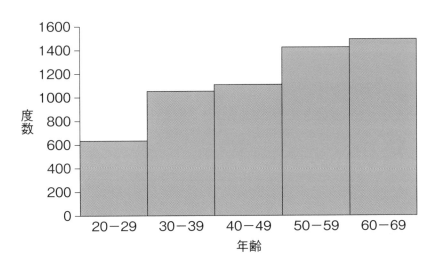

出典：「社会階層と社会移動」全国調査（2005年）

図2−5　年齢のヒストグラム

2　厳密には、ヒストグラムでは棒の面積が度数を表します。図2−5のように、等間隔で値を区切っている場合は特に気にする必要はありませんが、等間隔に区切らない場合は注意が必要です。詳しくは、岩井・保田（2007）をご覧ください。

これだけグラフの種類が多いと、自分でグラフを作るときに、どのグラフにすればいいのか、迷ってしまうかもしれませんね。そういう場合は、表2-4に示した原則でグラフの種類を選択するとよいでしょう。図2-1から図2-5も、この原則で作成しています。

表2-4　グラフの種類と「グラフで表現したいこと」の内容の対応関係

グラフの種類	表現したいこと	グラフのポイント
棒グラフ	ある数量（度数、平均値、比率など）の大きさ	棒の長さが「数量の大きさ」を示す
折れ線グラフ	ある数量の変化	折れ線の傾きが「変化の程度」を示す
円グラフ	各カテゴリーの全体に占める比率（構成比）	扇形の面積が比率の大きさを示す
帯グラフ	グループ別の構成比	帯の面積が比率の大きさを示す
ヒストグラム	（量的変数の）階級の度数	棒の長さ（棒の面積）が度数の大きさを示す

岩井・保田（2007）を一部修正

　ただし、この原則を厳密に守る必要はありません。複数の変数の情報を1つのグラフで表現するような場合、「棒グラフで作ったけど、ごちゃごちゃして見にくいから折れ線グラフにしたい」といったことはよくあります。そういう場合は、わかりやすさを優勢してグラフの種類を変更してもかまいません。グラフは、見る人にわかりやすく作るのが一番です。表2-4は参考程度に考えてください。

2-4
量的変数の特徴を調べよう（2）
変数の「中心」はどこにある？

　量的変数の場合、その変数がどのような特徴をもっているかを、1つの数値（統計量）で表現する方法もよく使われます。

　量的変数の分析で注目する「特徴」は、大きく2つあります。1つは変数の「中心」、もう1つは変数の「ちらばり」です。この章では、変数の中心を調べる方法を説明します。

　量的変数の中心を表す統計量は、(1) **平均値**、(2) **中央値**、(3) **最頻値**、の3つがあります。方法が3つあるのは、変数の分布のどこの値を「中心」とするかについて、考え方が異なるからです。

　量的変数の「中心」を表すこれら3つの統計量をまとめて**「代表値」**と呼びます。日常用語で「代表」といった場合、「サッカー日本代表」とか「社長は会社を代表する立場にある」といったように、何かに優れた人、地位の高い人をイメージしがちですが、代表値の「代表」にそういった意味はありません。あくまでも**「変数の分布の中心」**という意味での「代表」です。

1 代表値（1）：平均値

(1) 平均値の計算法

　平均値は小学生のときに習いますし、日常的にもよく使われています。しかし平均値の性質は、意外にきちんと理解されていないかもしれません。

　平均値の計算法を確認するために、「白雪姫」に登場する7人の小人に登場してもらいましょう。表2-5は、7人の小人の身長をまとめたもの

です（もちろん、架空例です）。

表2−5　7人の小人の身長（架空例）

ケース番号	お名前	身長（cm）
1	小人1号	89
2	小人2号	75
3	小人3号	78
4	小人4号	70
5	小人5号	89
6	小人6号	79
7	小人7号	94

　7人の小人の平均身長は、すべてのケースの身長の値を合計して、それをケースの数で割ったものになります。なお、ケースの数（ケース数）は、正式には「標本の大きさ（サンプルサイズ）」と呼びます。標本の大きさについては第9章で詳しく説明します。

　　平均値 = 変数の値の合計 ÷ ケース数
　　　　　= (89 + 75 + 78 + 70 + 89 + 79 + 94) ÷ 7 = 574 ÷ 7 = 82

　本格的な数式で書くと、以下のようになります。$\bar{x}$（「エックス・バー」と読みます）、が「xの平均値」を意味する記号です。

$$\bar{x} = \frac{\sum\limits_{i=1}^{n} x_i}{N} = \frac{変数 x の1番目から n 番目までの合計}{ケース数} = (x_1 + x_2 + x_3 + \cdots + x_n) \div N$$

　Σ は「全部足す」という意味の記号です。この場合は「xという変数を、ケース番号（i）の1番目からn番目まで全部足す」という意味になります。x_i は、xという変数のi番目のケースを意味します。また、Nはケース数のことです。（Σ の意味については、26ページのコラムを参照してください。）

(2) 平均値は何を意味しているの？

「平均」は「**平（たい）らに均（なら）す**」という意味です。7人の小人の平均身長を計算することは、全員の身長を平等にする計算をするのと同じことになります。もちろん、実際はそんなことはできませんが。

前の節で、平均値は変数の中心を示す代表値だと説明しました。平均値が変数の中心であるとはどういうことでしょうか。

平均値の性質を理解するために、それぞれの小人の身長と平均身長の差、つまり「各ケースの値と平均値の差」を計算してみましょう。

表2－5の1番目のケースなら $89 - 82 = 7$、2番目のケースなら $75 - 82 = -7$ です。身長が平均値を上回っている場合、その差は正の値となり、身長が平均値を下回っている場合、負の値になります。同様に計算した結果を、表2－6の右側にまとめました。

表2－6　7人の小人の身長と平均値との差（架空例）

ケース番号	身長（cm）	平均値との差
1	89	7
2	75	−7
3	78	−4
4	70	−12
5	89	7
6	79	−3
7	94	12

ここで「各ケースと平均値との差」を合計すると、どうなるでしょうか。

$$7 + (-7) + (-4) + (-12) + 7 + (-3) + 12 = 0$$

なんと、0になります。

実はこのことは、表2－6だけでなく、あらゆるデータにあてはまります。つまり、各ケースと平均値との差を合計すると、平均値より大きい値

の合計と、平均値より小さい値の合計が互いに打ち消しあって、必ず0になるのです。これは、シーソーの両側に同じ体重の人が乗って釣りあった状態に似ています。シーソーで釣り合いがとれる点のことを「重心」と呼びますが、平均値はまさにケースの和の重心にあたります（図2−6）。

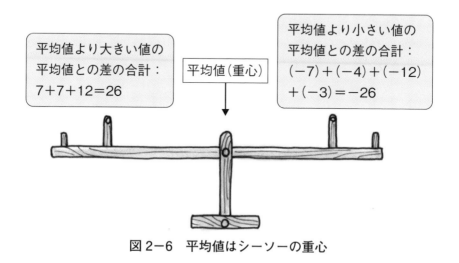

平均値より大きい値の
平均値との差の合計：
7＋7＋12＝26

平均値（重心）

平均値より小さい値の
平均値との差の合計：
（−7）＋（−4）＋（−12）
＋（−3）＝−26

図2−6　平均値はシーソーの重心

　これが、平均値の数学的な性質です。平均より大きいケースの合計と、小さいケースの合計が釣り合う重心になるという意味で、平均値は変数の「中心」なのです。

　日常生活では、「平均」や「平均的」という言葉は「普通の」といった意味で用いられることがあります。しかし、統計分析の数値としての「平均」はあくまでも量的変数の重心であって、それ以上でもそれ以下でもありません。数学的には、平均値に「普通」という意味はありません。この点はとても重要です。

　なお、ここで扱った平均値は、厳密には「**相加平均**」とか「**算術平均**」と呼ばれるものです。この本では扱いませんが、平均には「相乗平均」、「調和平均」、「幾何平均」など多くの計算法が存在し、その意味や使い方も異なります。（ただし、これらの平均も何らかの意味で、変数の「重心」

であるという点は共通しています。興味のある人は調べてみてください。）

(3) 外れ値に注意！

　データの中には、値が他と比べて極端に大きかったり、逆に極端に小さかったりするケースが含まれている場合があります。こうした、極端に大きい（小さい）例外的な値のことを「**外れ値**」と呼びます。外れ値はデータ分析でやっかいな問題を引き起こします。

　たとえば「白雪姫にもてるためには背が高くなくちゃだめだ！」ということで、小人1号さん（表2−5の1番目のケースの小人）が「身長を伸ばすサプリメント」を通販で買って飲んだとしましょう。そのおかげで身長が89cmから700cmになりました。こうなると、もはや小人ではなく巨人です。すごい効き目ですね。

　この場合、7人の小人（正確には6人の小人と1人の巨人）の身長の平均値は約169cmになります。これは、日本の成人男性の平均身長とほぼ同じぐらいです。

　平均値は、外れ値の影響によって大きく変化する場合があります。事情を知らない人が「7人の小人の平均身長は169cm」と聞くと、「ぜんぜん小人じゃないじゃん」と勘違いしそうですが、実態は全く違うかもしれないわけです。このため、データ分析を行う際は、外れ値が存在するかどうかをチェックしておく必要があります。

2 代表値（2）：中央値

　変数の「中心」については、別の考え方もあります。先ほどの7人の小人に、身長順に並んでもらいましょう（図2−7）。

図2-7　7人の小人を身長順に並べてみる

　このとき、7人の真ん中にいるのは、4番目の小人ですね。4番目の小人は、小さいほうから数えても、大きいほうから数えても4番目です。したがって、7人の小人の身長のデータがある場合、平均値ではなく、4番目という順位を変数の「中心」と考えることもできます。このように、データの順番に注目し、値の大小に基づいて並べたときに順番の真ん中になるケースの値を中心とみなした代表値のことを「**中央値**」と呼びます。

　中央値を求めるとき、ケースの数が奇数か偶数かで求め方を変える必要があります。

　まず、ケースの数が奇数の場合。中央値は、順番に並べた時の「真ん中」になるケースの値をそのまま用います。もう少し厳密に表現すると、次のようになります。

●中央値の求めかた（1）

　データのケース数が奇数（$2n+1$）の場合、中央値は（$n+1$）のケースの値。別の言い方をすると、奇数を2で割れば「nあまり1」になるので、そのnと1をそのまま足した番号のケースの値が中央値。（nは正の整数）

　7人の小人の例の場合は、$n=3$になります（$7=2 \times 3+1$、あるいは、$7 \div 2=3$あまり1）。そして、7の真ん中は、4（$=3+1$）ですね。ケース数が奇数の場合は、$n+1$番目のケースの値を、そのまま中央値にできま

す。表2-5の場合、79が中央値です。

　ケースの数が偶数の場合、「ちょうど真ん中」は存在しません。小人を1人減らして6人にした場合を考えてみましょう。真ん中は3番目か4番目になりそうですが、どちらを「真ん中」にすればいいか、困ってしまいますね（図2-8）。

図2-8　6人の小人の「まんなか」は？

　この場合は、真ん中になりそうな2つのケースの値を足して2で割ります。たとえば3番目の小人の身長が78センチ、4番目の小人の身長が79センチなら、中央値は（78 + 79）÷ 2 = 78.5になります。
　一般的な表現では、次のようになります。

●中央値の求めかた（2）
　データのケース数が偶数（$2n$）の場合、中央値は真ん中の2つのケースの値（n番目のケースの値と、$n + 1$番目のケースの値）を足して2で割った値。

　中央値は、平均値に比べて外れ値の影響を受けにくい性質があります。7人の小人の例の場合、一番大きい小人の身長が7メートルでも、一番小さい小人の身長が1ミリでも、中央値は変化しません。

3 代表値（3）：最頻値（さいひんち）

データの「中心」を表現する3つめの考え方が「**最頻値**」です。最頻値とは、最も出現する頻度（度数）が高い値、すなわち変数の中で「いちばんよく出てくる値」です。

表2−5の小人の身長の例で言えば、ケース数が2つある89が最頻値になります。

最頻値は、質的変数にも適用できます。変数の中で一番数の多いカテゴリーを変数の代表と考えるのは、選挙や人気ランキングなどでおなじみの考え方ですね。ただし、注意しなければいけない点が2つあります。

第一に、**データによっては最頻値が存在しない場合があります**。たとえば、すべての値の度数が同じ場合、どの値が「最も頻度が高い」のかは判断できません。（平均値や中央値は、必ず存在します。）

第二に、**最頻値は必ずしも変数の「中心」になるとは限りません**。変数の値が偏って分布している場合、真ん中からはずれた位置にある値が最頻値になる可能性があります。この問題については、次の節で詳しく説明します。

最頻値も、中央値と同様、外れ値の影響を受けにくい性質があります。ただし、注意しなければならない点が3つあります。

第一に、データによっては最頻値が存在しない場合があります。たとえば、次のデータはすべての値の度数が1です。このように、度数がすべて同じ場合、最頻値は存在しません[3]。

---

3 すべての値が同じ頻度で出現する場合、「すべての値が最頻値である」と考えることもできます。ただしこの考え方だと、データによっては最頻値の個数が膨大になってしまいます。たとえば1万ケースのデータに重複する値がない場合、最頻値は1万個存在します。しかしこれでは表示するのも読むのも大変です。このため、「最頻値はない」と考えた方が実用上は便利です。

> 5人の小人の身長（架空例A）：75、76、77、80、89

　第二に、データによっては最頻値が複数存在する場合があります。たとえば次のデータでは、最頻値は79と89の2つ存在します。

> 5人の小人の身長（架空例B）：75、79、79、89、89

　「存在しない場合がある」「複数存在する場合がある」というのは、最頻値のみの特徴です。平均値と中央値は必ず存在し、その値は1つのデータにつき1つだけです。

　第三に、最頻値は変数の「中心」になるとは限りません。データの値が偏っている場合、中心から外れた位置にある値が最頻値になる場合があります。この問題については、次の節で詳しく説明します。なお、最頻値は中央値と同様、外れ値の影響を受けにくい性質を持っています。

2-5
平均値・中央値・最頻値の違いを理解しよう

　量的変数の「中心」を表す3つの代表値、平均値、中央値、最頻値はどう使い分ければいいでしょうか。これについては特に決まりがあるわけではなく、**分析の目的によって使い分ける必要があります。**

　変数の分布によっては、3つの代表値がほとんど同じになる場合があります。図2-9は、59歳以下の成人男女の1週間の労働時間をヒストグラムにしたものです。

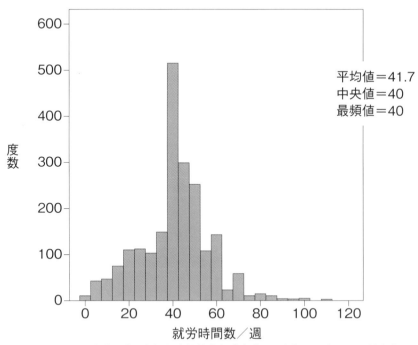

出典:「日本版総合的社会調査」(2006年):59歳以下の対象者のみ

図2-9　1週間の労働時間

　労働時間の代表値は、平均値＝41.7、中央値＝40、最頻値＝40で、3つの値がほとんど一致します。この場合は、どの代表値を用いても大差はありません。

　図2－10は、**正規分布**と呼ばれる分布です。正規分布は左右対称で、頂点の部分が平均値になります。このような分布の場合、平均値・中央値・最頻値は完全に一致します。図2－9のヒストグラムを見ると、正規分布に近い形をしていることがわかります。

　しかし、すべての変数が正規分布するとは限りません。図2－11は、成人男女（22歳から42歳）の過去1年間の病院等（歯科は除く）への通院日数をまとめたものです。

　通院日数の3つの代表値は、平均値＝5.2、中央値＝1.7、最頻値＝0となります。「代表値は変数の中心を示すもの」と説明しましたが、こうなるとどれが通院日数という変数の「中心」と考えればいいのか、わからなくなってしまいますね。

　このように、社会学で扱う量的変数は、分布が偏る場合が少なくありません。このため、データの特徴をきちんと把握するために度数分布表やヒストグラムを作成して変数の分布を確認することは非常に大切なのです。

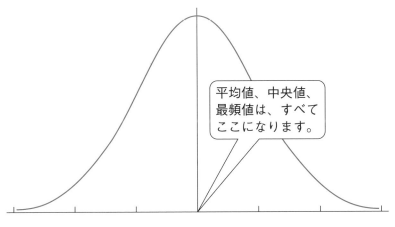

平均値、中央値、
最頻値は、すべて
ここになります。

図2－10　正規分布の例

最後に、代表値の性質を表2-7にまとめました。これらの違いをよく
理解しましょう。

表2-7　3つの代表値の性質のまとめ

代表値	「中心」の考え方	値の存在	外れ値の影響
平均値	変数の重心	常に存在する	受けやすい
中央値	順番に並べたときの中心	常に存在する	受けにくい
最頻値	最も多く出現する値	存在しない場合がある	受けにくい

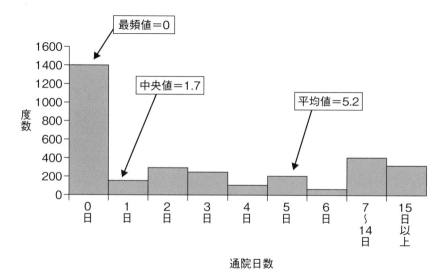

出典：「働き方とライフスタイルの変化に関する全国調査」（2009 年）

図2-11　過去1年の通院日数の分布

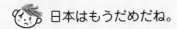 **コラム** 比率の変化の表現に注意！

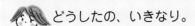 日本はもうだめだね。

どうしたの、いきなり。

35ページで出てきたデータ（表2－1）だよ。「あの世を信じ
る」という人が41％しかいないなんて、日本人の純真素朴な
心は失われてしまったんだ。日本が衰退するわけだよ。

はあ？　あの世を信じるなんてバカみたい。それに、あの世を
信じる人は増えてるのよ。1958年の調査だと「あの世を信じ
る」という人は20％だったんだから。

え、そうなの？　昔の人の方があの世の存在を信じてなかった
なんて意外だなあ。じゃあ、あの世を信じる人は60年の間に
21％増えたわけか。なんだ、いい感じじゃん。日本の未来は
明るいね！

ちょっと待ったあああ！

な、何ですか先生。

いまの君たちの会話には間違いがある。

!?　……そうか、データが間違ってるんですね。あの世を信じ
る人が41％なんて、少なすぎですもんね。

2

変数の特徴を分析しよう（1）　変数の分布と中心

そうじゃなくて、「21％増えた」ってとこ。

 え？　41－20＝21だから、21％でいいんじゃないですか？

 だめ。変化を比率で表現するとき「パーセント」を使っていい場合と、だめな場合があるんだよ。次の2つの例を比べてごらん。

（1）2018年の調査で、あの世を「信じる」と回答した人は41％で、1958年の20％から21％増加した。（出典：統計数理研究所「日本人の国民性調査」）

（2）民間企業で働く人の2018年の平均年収は441万円で、2017年の432万円から2.1％増加した。（出典：国税庁「民間給与実態統計調査」）

このうち（1）は間違いなんだ。どこがおかしいか、わかるかな。

 どちらも問題なさそうですけど……

 （1）と（2）が具体的にどういう計算をしているかを考えてみるといいよ。（1）はこうだね。

2018年の「信じる」比率－1958年の「信じる」比率
＝41－20＝21

一方、（2）はこうなる。

$$\frac{2018\text{年の平均年収}-2017\text{年の平均年収}}{2017\text{年の平均年収}}\times100$$

$$=\frac{441-432}{432}\times100=\frac{9}{432}\times100=2.1$$

（1）は2つの比率の差、言い換えると変化量を求めているのに対し、（2）は2017年の平均収入を基準として、2018年と2017年の平均収入の変化量を比率に換算しているね。

そうですけど、どうして（1）を「21％の増加」と呼んではいけないんですか？

比率は割り算で得られる統計量だからね。（2）は割り算をしているけど、（1）はただの引き算だよね。

あ、そうか。（1）は比率の変化量を扱っているけど、比率そのものを計算しているわけではないんですね。

そういうこと。（2）のように、変化量を比率に換算して表現するときは「○パーセントの変化」と表現していい。でも、（1）のように、2つの比率の差を表現するときは「**パーセンテージポイント**」という呼び方を使うのがルールなんだ。（1）の場合は「あの世を信じる人は20％から41％へ、21パーセンテージポイント増加した」というのが正しい表現になる。「パーセンテージポイント」は長ったらしいから、単に「ポイント」と略すことも多いけどね。

じゃあ、比率の変化を扱うときは「パーセント」という表現は
絶対に使えないんですか。

 そんなことはないよ。(1)の21ポイントの変化を比率に換算
すると、次のようになる。ここでは1958年の比率を基準に変
化を計算してみよう。

$$\frac{2018年の「信じる」比率－1958年の「信じる」比率}{1958年の「信じる」比率}\times100$$

$$=\frac{41-20}{20}\times100=105（\%）$$

この場合は「あの世を信じる人は1958年の20％から2018年
の41％へ、105％増加した」と表現していいんだ。

 なるほど。

 まとめると、次のようになる。

（1）**変化量を比率に換算**して示すときは「○％の差」と表現
する。
（2）**2つの比率の差**を示すときは「○パーセンテージポイント
の差」（もしくは「○ポイントの差」）と表現する。

　ニュースでも2つの比率の差、たとえば内閣支持率の変化は
「○ポイント」と表現しているはず。たまに間違えるアナウン
サーもいるから、チェックすると面白いかもね。

第 3 章

変数の特徴を分析しよう(2)
変数のちらばり

··

第 3 章のポイント

☐ 範囲

☐ 分位数とパーセンタイル

☐ 分散と標準偏差

☐ 標準化と標準得点

··

第3章の練習問題(解答つき)は、技術評論社ウェブサイトで
ご覧になれます。ぜひご利用ください。

比率は変数の分布に、平均値や中央値は変数の中心に注目した わけですけど、他にも重要な変数の特徴ってあるんですか?

 あるよ。変数の「ちらばり」または「ばらつき」がそうだね。

 ちらばり、ですか。イメージがつかめないんですけど。

 えー、簡単じゃない。クラスのみんなが好き勝手に行動すると 学級崩壊が起こるし、チームがバラバラになると試合に勝てな くなるじゃん。

 それは人間の集団の話でしょ。じゃあ何?ちらばりが大きい変 数は、勝てないからJ3に降格したりするわけ?

 !!! いやだー、降格はいやだー。あんな辛い日々はもうい やだー(泣)。

 ど、どうしたのよ、いきなり。

 あーあ、彼のトラウマのスイッチを押しちゃったみたいだね。

 えーっと(汗)……ほっといて説明に入りましょう! 変数の ちらばりって、具体的にはどういうことなんですか?

 変数のちらばりっていうのは、ケースの値が変数の中心からど れくらい離れているかっていうこと。「分散」や「標準偏差」 がちらばりを示す代表的な統計量だね。

でも、それって重要なんですか？ニュースなんかでも、比率や平均値はよく見ますけど、分散や標準偏差って出てきませんよね。

 ぐすっ。そうですよ。熱海のおばあちゃんは霊感がかなり強いんですが「標準偏差なんて、生まれてこのかた一度も見たことねえ」って言ってましたよ。

 あんたのおばあちゃんって……

 平均値や比率に比べると、少しわかりにくいからね。でも、分散や標準偏差は実用的な統計量としても重要だし、統計学を勉強する上でも重要なんだ。分散や標準偏差を理解できないと、より高度な統計的手法も理解できないよ。目立たないけどすごく重要。縁の下の力持ちってとこかな。だから、きちんと理解しなければいけない。

 なるほど。

3-1
量的変数のちらばりを
把握しよう（1）範囲

変数の「中心」を表す統計量にもいろいろな考え方があったのと同じように、変数の「ちらばり」の表現にもいくつかの考え方があります。なお、変数のちらばりが重要となるのは、量的変数の場合です。質的変数のちらばりはあまり使いませんので、本書では省略します[1]。

表3-1は、A高校とB高校の生徒5人の学校外での勉強時間をまとめた結果です（架空例）。2つの高校の生徒の平均学習時間は同じ40分ですが、A高校の生徒は勉強時間の長い人もいればまったくしない人もいるのに対し、B高校の生徒は、全員がある程度勉強し、勉強時間が極端に長い生徒や短い生徒はいないことがわかります。

表3-1　学校外の勉強時間（架空例）

A高校		B高校	
お名前	勉強時間（分）	お名前	勉強時間（分）
はいじ	0	まきこ	40
ひとし	35	みさこ	35
ふとし	20	むつこ	25
へいじ	55	めいこ	55
ほうじ	90	ももこ	45
平均値	40	平均値	40

このように、平均値が同じでも、それぞれのグループに含まれるケースの傾向は異なることがあります。変数のちらばりは、こうしたことを把握

---

1 質的変数のちらばり（多様性指数、質的変動指数）については、ボーンシュテット＆ノーキ（1992）を参照してください。

するために重要な情報となります。

　では、データのちらばりはどう把握すればいいでしょうか。

　ちらばりを示す統計量の中で、最もシンプルなのは、「**範囲**」です。範囲は、変数に含まれる最も大きい値（最大値）と、最も小さい値（最小値）に注目し、その差をとったものです。

$$範囲＝最大値－最小値$$

　表3－1の場合、A高校とB高校の最大値・最小値・範囲は以下のようになります。

〈A高校〉　最大値＝90,　最小値＝0,　範囲＝90－0＝90

〈B高校〉　最大値＝55,　最小値＝25,　範囲＝55－25＝30

　したがって、A高校のほうが範囲が広いので生徒の勉強時間のちらばりが大きい、と判断することができます。

　図3－1は、表3－1のA高校のデータを数直線にあてはめたものです。範囲は、最大値と最小値、つまり数直線の両端にあるケースに注目してちらばりを調べていることになります。

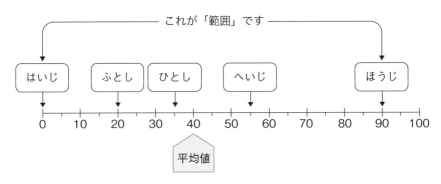

図3－1　A高校の生徒の学習時間（数直線）

3-2
量的変数のちらばりを
把握しよう（2）分位数

　範囲のように、最大値と最小値の差に注目するのではなく、もう少し変数を細かく分割してちらばりを把握する方法もあります。これを「**分位数**」と呼びます。

　分位数とは、変数を値の順番に並べた上で、等しいサイズのグループに分割する値のことです。例えば、ケース数が100のデータがあるとします。これを4等分する場合は100 ÷ 4 = 25で、1グループのケース数が25になるように分割すればいいわけです。

　このとき、変数の値の小さい順から大きい順に100個のケースを並べれば、25番目、50番目、75番目のところで区切ることになります。ケースの数ではなく比率で表現すると、変数の値が小さいほうから（1）0〜25%の範囲、（2）26〜50%の範囲、（3）51〜75%の範囲、（4）76〜100%の範囲、の4つのグループに分類することになります。この**グループの切れ目になる値**が分位数です。

　グループを等しいサイズのm個に分割する場合の分位数を「m分位数」と呼びます。たとえば、3つに分割する場合は「三分位数」、4つに分割する場合は「四分位数」、5つに分割する場合は「五分位数」となります。分位数は値の小さいほうから「第$1m$分位数」、「第$2m$分位数」……と呼びます。例えば四分位数の場合は、0〜25%と25〜50%の区切りの値を「第1四分位数」、25〜50%と50〜75%の区切りの値を「第2四分位数」、50〜75%と75〜100%の区切りの値を「第3四分位数」と呼びます。なお、第2四分位数は中央値と一致します。

　表3−2は、厚生労働省「賃金構造基本統計調査」（2022年）の月収の四分位数を男女で比較したものです。

3

表3-2　賃金構造基本統計調査における四分位数（男女別）

数値：千円

	男性	女性
第1四分位数	236.7	195.1
第2四分位数	301.2	236.9
第3四分位数	400.6	293.5

出典：厚生労働省「賃金構造基本統計調査」（2022年）

　また、第1四分位数と第3四分位数の差をとったものを「**四分位範囲**」といいます。

$$四分位範囲＝第3四分位数－第1四分位数$$

　四分位範囲は、前節で説明した「範囲」とは異なり、最大値・最小値ではなく「下から25％」と「下から75％（＝上から25％）」の値の範囲を求めるものです。47ページで外れ値について説明しました。外れ値はデータ分析でやっかいな問題を引き起こす場合があるのですが、**四分位範囲は外れ値の影響を受けにくいので便利です。**

　表3-2のデータの場合、四分位範囲は以下のようになります。

$$男性の四分位範囲：400.6－236.7＝163.9$$
$$女性の四分位範囲：293.5－195.1＝98.4$$

　したがって、男性のほうが賃金のちらばりが大きいということになります。四分位数についての説明をまとめると、図3-2のようになります。

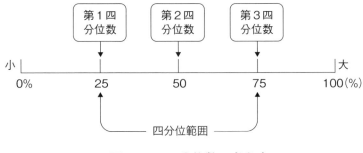

図3−2 四分位数の考え方

　なお、分位数と関係の深い統計量に「**パーセンタイル**」（**百分位数**）があります。パーセンタイルとは、量的変数を大きさの順に並べ「収入が少ないほうから40％のケースと、それ以上のケースに分ける」とか「成績が上位10％のケースと、それ以下のケースに分ける」といったように、比率を基準にして変数を分ける場合、その区切りになる値のことです。

　「収入が少ないほうから40％と、それ以上」に分ける場合、その区切りになる収入の値のことを「40パーセンタイル」と呼びます。「成績が上位10％のケースと、それ以下」を言い換えると「成績が下位の90％と、それ以上」になるので、その区切りになる成績の値を「90パーセンタイル」と呼びます。このように、パーセンタイルは、**値の小さいほうを基準に考**えます。

　四分位数も、パーセンタイルの一種です。第1四分位数は25パーセンタイル、第2四分位数は50パーセンタイル、第3四分位数は75パーセンタイルになります。表3−2を例にとれば、男性の25パーセンタイルは236.7千円、女性の75パーセンタイルは293.5千円、ということになります。

　前の章で扱った中央値も、分位数やパーセンタイルで言い換えることができます。中央値の場合は、ちょうど真ん中（50％）で区切ることになるので、分位数なら「二分位数」、パーセンタイルなら「50パーセンタイル」ですね。

　分位数は、おもに2つの目的で使用します。

（1）ケース数を均等に分けたいとき

　テストの成績に基づいて60人の学生を「成績上位層」、「成績中位層」、「成績下位層」の3つに分類するとします。このとき、層を分ける基準点によっては、上位層が8人、中位層が45人、下位層が7人のように、各層の人数が偏ってしまうことがあります。分析法によっては、ケースの数の偏りが分析に悪影響を与える場合があります（第4章で説明するクロス集計表など）。このような場合に分位数を使えば、ケースを均等に分割でき、偏りをさけることができます。

（2）グループ間の差を比較したいとき

　分位数は、グループ間の特徴を把握する場合にも便利です。

　表3-2をもう一度見てください。この表からは、全体的に男性の収入のほうが女性の収入よりも高いことがわかるだけでなく、四分位範囲の計算結果から明らかなように、グループ内のちらばりの大きさが異なることがわかります。こうしたことは、平均値だけでは把握することができません。

3-3
ちらばりをグラフで
表現する「箱ひげ図」

　データのちらばりをグラフで示す時によく使われるのが図3－3のような「箱ひげ図」です。真ん中に四角い箱があり、その箱から「ひげ」のような上下の線が出ています。これは、表3－3のデータをもとにしたものです。

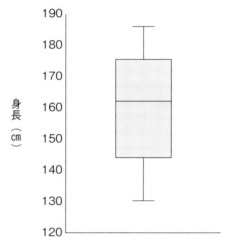

図3－3　男性の身長の箱ひげ図（架空例）

表3－3　図3－3の元データ（架空例）

	身長 （cm）
最大値	186
第3四分位数	166
第2四分位数（中央値）	161
第1四分位数	156
最小値	130

　箱ひげ図は、中央値（2-4）と四分位範囲（3-2）および最大値と最小値（3-1）を使ってデータのちらばりを示します。

　まず、「箱」から説明しましょう。箱の上端と下端は四分位範囲に対応しており、下端が第1四分位数、上端が第3四分位数を示します。つまり、箱の下端が下から25％の区切り、上端が上から25％の区切りになります。

　箱の中央の線は、第2四分位数すなわち中央値です。したがって、この線がデータの分布のちょうど真ん中を示します。

　次に「ひげ」、すなわち箱から上下に伸びている線は、データの最大値と最小値を示しています。箱から上側に出ている線の末端が最大値です。同様に、箱から下側に出ている線の末端が最小値を示します。このデータの場合、最小値は130、最大値は186です。

　このように、1つのグラフの中に5つのちらばりに関する情報をまとめたのが箱ひげ図です。多くの情報をコンパクトに集約できるので、ちらばりを示すグラフとしてよく使われます[2]。

2　なお、箱ひげ図の作り方は、ここで解説したもの以外にもいくつかの方法があります。よくあるバリエーションは次の2つです。（1）平均値を追加した箱ひげ図。平均値をxなどの記号で示します。たいていの場合、箱の中のどこかにxが収まります。（2）外れ値を追加した箱ひげ図。ひげを最大値・最小値ではなく、何らかの基準値（たとえば四分位範囲の1.5倍の値）とし、それを超える値のケースを外れ値として○などで示します。SPSSなどの統計分析ソフトウェアで箱ひげ図を作成した場合は、この形で表示されることが多いです。

3-4
量的変数のちらばりを把握しよう（3）分散

　変数のちらばりを表す統計量として、より重要なのは「**分散**」と「**標準偏差**」です。この2つは双子のようなもので、計算の大部分は共通しており、分散にちょっとだけ手を加えたものが標準偏差になります。どちらもよく使われますが、まずは分散から説明しましょう。

　「範囲」や「四分位範囲」は、変数の中の特定の位置にあるケースの値に注目してちらばりを計算しました。範囲の場合は最大値と最小値、四分位範囲の場合は第1四分位数と第3四分位数です。どちらの場合も、分析に使う値は2つだけということになります。

　でも、2つの値しか使わないのは、何となくもったいないですね。

　分散は、範囲や分位数と違って、**すべてのケースの値を用いてちらばりを計算**します。具体的には、変数のちらばりを調べるために、それぞれのケースの値と平均値の差に注目します。それぞれのケースの値から平均値を引けば、各ケースが平均値からどのくらい離れているかがわかります。

　表3−1の各ケースの値と平均値の差をグラフにまとめたものが図3−4です。棒が右側に伸びている場合、勉強時間が平均より長いことを、左側に伸びている場合は平均より短いことを示します。たとえば、A高校のほうじ君の学習時間は90分なので「90 − 40 = 50」、B高校のむつこさんの学習時間は25分なので「25 − 40 = − 15」となります。

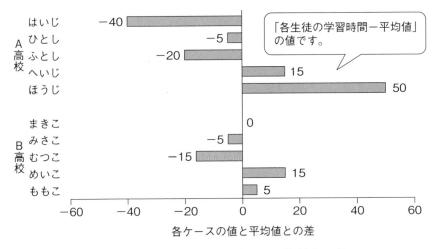

図3-4　各生徒の勉強時間の平均値との差

　A高校のほうがB高校よりも平均値との差が大きいケースが多いので、全体としてA高校のほうがちらばりが大きそうなことがわかります。このように「各ケースと平均値との差」を計算できるのなら、これを利用して「『各ケースと平均値との差』の平均値」を計算すれば、それが変数のちらばりを表す統計量になりそうです。

　「分散」は、このような発想で作られた統計量です。分散の式は以下のようになります。

$$x \text{の分散}(s_x^2) = \frac{(\text{各ケースの} x \text{の値} - x \text{の平均値})^2 \text{の合計}}{\text{ケース数}} = \frac{\sum\limits_{i=1}^{N}(x_i - \bar{x})^2}{N}$$

x_i：変数 x の各ケースの値、

$\bar{x}$：変数 x の平均値、

N：データのケース数

　式の記号のうち、「x_i」は変数 x の各ケースの値を「$\bar{x}$」は変数 x の平均値を表しています。したがって、$(x_i - \bar{x})$ は「各ケースの値－平均値」、

71

つまり「各ケースと平均値との差」を意味します。

　ところで、この「各ケースの値−平均値」という計算に見覚えはありませんか。これは、第2章の平均値の説明の中で出てきたものです（45ページ）。そこで確認したように、各ケースの平均値との差は正の値になる場合と負の値になる場合があり、すべての値を合計すると、正負が相殺して必ず0になります。

　$(x_i - \bar{x})$ の合計が常に0になるのでは、ちらばりを表す統計量として使えませんね。そこで正負の相殺が起こらないように、すべて**正の値に統一**してしまいましょう。その方法は2つあります。1つは、**絶対値にすること**。すなわち、$|x_i - \bar{x}|$ です。もう一つは、**ケースの値と平均値の差を2乗すること**。すなわち、$(x_i - \bar{x})^2$ です。

　分散では、2乗した値 $(x_i - \bar{x})^2$ を用います。絶対値のほうが簡単そうに見えますが、絶対値記号を含む式はそのままの形では微分できないので、高度な統計手法（計算に微分が欠かせません）に変数のちらばりの情報を組み込むときに不便です。それに対して、2乗項は簡単に微分できます。したがって、2乗値を用いたほうが応用・発展という点で便利なのです。

　あとは、この $(x_i - \bar{x})^2$ を合計して、それをケース数で割れば「『各ケースと平均値との差』の平均値」を求めることができます。これが分散です。分散の定義式の $(x_i - \bar{x})^2$ を a_i と置き換えると、分散の式は $\frac{\sum\limits_{i=1}^{n} a_i}{N}$ になり、平均値の式と一致します。その意味で、分散は平均値の一種であると言えます。

　表3−1のA高校のデータを用いて、実際に分散を計算してみましょう。表3−4は、A高校の生徒の $(x_i - \bar{x})$ と $(x_i - \bar{x})^2$ の値をまとめたものです。

表3-4　A高校の生徒の学習時間と平均値との差（架空例）

名前	勉強時間 （分）	平均値との差 $(x_i - \bar{x})$	平均値との差の 2乗 $(x_i - \bar{x})^2$
はいじ	0	−40	1600
ひとし	35	−5	25
ふとし	20	−20	400
へいじ	55	15	225
ほうじ	90	50	2500
合計	200	0	4750
平均値	40	0	950

②「各ケースと平均値の差」の二乗の値を合計し…

①単純に「各ケースと平均値の差」を合計すると0になってしまうので…

③その平均をとったもの。これが「分散」です。

単に各ケースと平均値との差$(x_i - \bar{x})$を合計すると0になります。そこで、「各ケースと平均値の差」の2乗を計算して負の値を消します。その上で$(x_i - \bar{x})^2$を合計すると、4750になります。これを、ケース数の5で割ったものが分散です。すなわち、$4750 \div 5 = 950$がA高校の分散になります。

表3-1のデータを分散の定義式にあてはめると、以下のようになります。

$$\sum_{i=1}^{n} \frac{(x_i - \bar{x})^2}{n} = \frac{(0-40)^2 + (35-40)^2 + (20-40)^2 + (55-40)^2 + (90-40)^2}{5}$$
$$= \frac{(-40)^2 + (-5)^2 + (-20)^2 + (15)^2 + (50)^2}{5}$$
$$= \frac{1600 + 25 + 400 + 225 + 2500}{5} = 950$$

難しそうに見える分散の式も、実際には足し算・引き算・掛け算（2乗）・割り算しか使っていないことがわかります。式の意味さえ理解できれば、中学生でも計算できる内容ですね。

以上のように、データに含まれるすべての変数の情報を生かした上で、変数のちらばりを把握することができるのが分散の特徴です。なお、表3-1のB高校の分散は100になります。確認してみてください。

3-5
量的変数のちらばりを把握しよう（4）標準偏差

　分散は「各ケースと平均値との差の平均値」だと説明しましたが、$(x_i - \bar{x})^2$の合計値をケース数で割っているので、厳密には「『各ケースと平均値との差の2乗』の平均値」になります。

　2乗しているので、分散の値は「ケースの値と平均値の差の平均値」の本来の値よりも大きくなっています。これを元に戻して「各ケースと平均値との差の平均値」にしたほうが、ちらばりを把握するときに何かと便利です。そのためには、**2乗の値を元に戻す**作業、つまり**平方根**を求めれば良いことになります。こうして得られるのが、**標準偏差**です。

　分散と標準偏差の関係を式で表すと、図3－5のようになります。一般的な表記法では、「変数xの分散」をs_x^2、「変数xの標準偏差」をs_xと書きます。この表記からも、分散と標準偏差の関係は明白ですね。

　前の節のA高校とB高校の例の場合、標準偏差は以下のようになります。

$$\text{A高校の標準偏差} = \sqrt{\text{A高校の分散}} = \sqrt{950} = 30.8$$

$$\text{B高校の標準偏差} = \sqrt{\text{B高校の分散}} = \sqrt{100} = 10.0$$

$$x\text{の標準偏差}(s_x) = \sqrt{x\text{の分散}(s_x^2)}$$

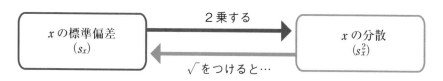

図3－5　標準偏差と分散の関係

標準偏差は、平均値や％ほど日常的に接する機会がありませんが、実はいろいろな分野で使われています。ここでは、標準偏差が重要な役割を果たす事例を2つ紹介しましょう。

（1）品質管理

標準偏差は工業製品の品質管理に利用されます。工業製品を作る場合、その規格（寸法や重さなど）は、完全に同一になるのが理想です。すべての製品が完璧に規格通りに作られた場合、その標準偏差は0になります。

しかし現実には、様々な要因によって誤差（ずれ）が生じるので、標準偏差は0になりません。とりわけ標準偏差が大きい場合、つまり製品の規格のちらばりが大きい場合、製造過程に何らかの問題がある可能性が高くなります。

そこで、品質管理においては、製品の標準偏差をなるべく小さくするよう製造過程をコントロールすることが大事になります。このように、標準偏差は品質管理において非常に重要な数値なのです。

（2）金融

標準偏差は金融商品のリスクを示す指標として利用されます。たとえば、A社とB社の過去1か月の平均株価は同じだったとします。しかし、A社は株価の変動が小さく安定的だったのに対し、B社は株価の変動が大きく高い時と安い時の差が激しい結果となりました。

一般に、価格の変動の激しい株は大儲けの可能性がある一方で大損の可能性もあるので、リスクが高いとされます。そして、株価がどの程度安定的かは、標準偏差（または分散）で把握できます。すなわち、価格の標準偏差が大きい銘柄ほどリスクが高く（価格の変動が大きく）、標準偏差が小さい銘柄ほどリスクが低い（価格の変動が小さい）ことを示します。このように、金融においても標準偏差は重要な数値として使用されています。

3-6
標準偏差の応用：標準化・標準得点・偏差値

1 標準化と標準得点

　分散や標準偏差はそれ自体が重要な統計量ですが、それだけでなく、様々な応用が可能であるという点でも重要です。その一例が**標準化**です。これは平均値、分散、単位などが異なるデータを直接的に比較することを可能にする方法です。

　たとえば、大学入試の選択科目で日本史を選択したA君と、世界史を選択したB君のテストの点数が次のようだったとします。

　　A君の日本史の得点＝73点、日本史の平均点65点（標準偏差＝17.0）
　　B君の世界史の得点＝67点、世界史の平均点59点（標準偏差＝12.0）

　このとき、A君とB君のどちらが「できが良い」と言えるでしょうか。

　単純に点数を比較すると、A君のほうがB君より高いですね。しかし、平均点との差を調べてみると、2人とも「平均＋8点」です。では、2人のできは同じと判断していいのでしょうか。標準偏差に注目すると、日本史のほうが世界史よりも大きくなっています。**データのちらばりの大きい科目で平均＋8点取るのと、データのちらばりが小さい科目で平均＋8点取るのとでは、どちらがすごいことなのでしょうか？**　うーん、わからなくなってきました。

　標準化は、このような場合に威力を発揮します。標準化にはいろいろな方法がありますが、よく使われるのは変数を「平均値＝0、標準偏差＝1」に変換するものです。「平均値＝0、標準偏差＝1」に標準化された各ケー

スの値のことを「**標準得点（z得点）**」と呼びます。

標準化（標準得点の計算）は、以下の式で行います。

$$標準得点\ z_i = \frac{各ケースの\ x\ の値 - x\ の平均値}{標準偏差} = \frac{x_i - \bar{x}}{s_x}$$

式の分子の部分は、各ケースの値と平均値との差をとったものです。これを標準偏差で割ったものが標準得点になるのですが、なぜこんな計算をする必要があるのでしょうか。

標準得点の式の分子は「**すべての変数を平均値＝0**」にするため、分母は「**すべての変数を標準偏差＝1**」にするために用いられます。

このことは、具体的な数値をあてはめてみるとわかりやすいでしょう。たとえば、日本史の点数が平均点と同じ65点だったCさんの標準得点は次のようになります。

$$C\ さんの標準得点 = \frac{C\ さんの日本史の得点 - 日本史の平均点}{日本史の標準偏差}$$
$$= \frac{65 - 65}{17.0} = \frac{0}{17.0} = 0$$

ケースの値が平均値と同じであれば、分子は必ず0になりますね。これによって、平均値がどんな値であっても、平均値と同じ値のケースの値を0に統一することができます。

次に分母、つまり「標準偏差で割る」ことにはどんな意味あるのでしょうか。日本史の得点が82点だったD君と、世界史の得点が71点だったEさんの標準得点は、以下のようになります。

$$\text{D 君の標準得点} = \frac{\text{D 君の日本史の得点} - \text{日本史の平均点}}{\text{日本史の標準偏差}}$$

$$= \frac{82 - 65}{17.0} = \frac{17}{17.0} = 1$$

$$\text{E さんの標準得点} = \frac{\text{E さんの世界史の得点} - \text{世界史の平均点}}{\text{世界史の標準偏差}}$$

$$= \frac{71 - 59}{12.0} = \frac{12}{12.0} = 1$$

　D君とEさんの点数は、値こそ異なりますが、どちらも「平均値＋標準偏差」です。このように、平均値との差がちょうど標準偏差1つぶん離れている場合、その値を標準偏差で割れば、平均値や標準偏差がどのような値であったとしても、結果は必ず1になります。標準偏差で割ることによって、それぞれの元の変数の標準偏差の大きさの違いを取り除き、割った後には標準偏差の大きさを1に統一することができるのです。

　このようにして、どんな変数でも「平均値＝0、標準偏差＝1」に変換することができます。A君とB君の点数を標準得点に変換するとどうなるでしょうか。

$$\text{A 君の標準得点} = \frac{\text{A 君の日本史の得点} - \text{日本史の平均点}}{\text{標準偏差}}$$

$$= \frac{73 - 65}{17.0} = \frac{8}{17.0} = 0.471$$

$$\text{B 君の標準得点} = \frac{\text{B 君の世界史の得点} - \text{世界史の平均点}}{\text{標準偏差}}$$

$$= \frac{67 - 59}{12.0} = \frac{8}{12.0} = 0.667$$

　B君の標準得点のほうが大きいですね。つまり、平均値と標準偏差の違いを調整すれば、B君のほうができが良いということになるわけです。

　標準化の計算は、形を変えて様々な統計分析の手法の中に登場します。その意味でも、標準化と標準得点は重要なのです。

2 偏差値

標準得点はそのままでも便利なのですが、値が小さいので、なんとなくわかりにくい気もします。そこで、標準得点を拡大して、100点満点のテストの点数のように表現すれば、もっと便利になるかもしれません。

標準得点は「平均値 = 0、標準偏差 = 1」です。これを10倍して、さらに50を足します。こうすると、平均値 = 50、標準偏差 = 10になるので、何となく普通の100点満点のテストの点数に近い感じになりますね。

このように「標準偏差を10倍して50を足した」値が、受験の際にお世話になる「**偏差値**」です。式で書くと、以下のようになります。

$$偏差値 = 10 \times 標準得点 + 50$$

A君とB君の標準得点を偏差値に換算すると、次のようになります。

$$A 君の偏差値 = 10 \times 0.471 + 50 = 54.7$$
$$B 君の偏差値 = 10 \times 0.667 + 50 = 56.7$$

ということで、やっぱりB君のほうができが良いことがわかります。

なお、通常の100点満点のテストとは異なり、偏差値は90とか100のような極端に大きい値、あるいは0とか10のような極端に小さい値になることはほとんどありません。その理由は第10章（10 – 5）で説明します。

第 **4** 章
変数の関係を分析しよう（1）
クロス集計表

・・・・・・・・・・・・・・・・・・・・・・・・・・・・・・・・・・・・・・・

第 4 章のポイント

☐ クロス表の構造

☐ クロス表における比率の計算法（行
パーセント、列パーセント、全体パー
セント）

☐ オッズ比

☐ ファイ係数

・・・・・・・・・・・・・・・・・・・・・・・・・・・・・・・・・・・・・・・

第 4 章の練習問題（解答つき）は、技術評論社ウェブサイトで
ご覧になれます。ぜひご利用ください。

次は変数の関係の分析ですね。

 変数の関係っていうと、ヒロシとサトシは会っても挨拶もしないとか、ゾシマとアレクセイは2人でこっそりパチンコ通いをしているとか、そういうことですか。

 それは変数の関係じゃなくて、人間関係でしょ。

 「変数の関係」っていうのは、複数の変数が一緒に変化するかどうかってことだよ。そして変数の関係の分析方法は、変数の性質によって異なるんだ。

 変数の性質っていうと、質的変数と量的変数のことですか?

 そう。**社会学のデータ分析の特徴の1つは、質的変数どうしの分析を重視する点にあるんだ。**社会学は、他の分野に比べて質的変数を扱うことが多いからね。

 なるほど。

 質的変数どうしの関連を分析する方法が、第4章で説明するクロス表分析だね。社会学者は昔からクロス表分析を本当に大事にしていてね。中世イタリアの社会学の教科書には次のような格言が記されているんだ。「データ分析はクロス表に始まりクロス表に終わる」、「クロス表分析をやらずんばデータ分析に非ず」、「クロス表百遍、意自ずから通ず」。

へー、かっこいい。

 またデタラメを……社会学も統計学も中世には成立してないでしょ。

 あ、ばれた。じゃあ次に行こう。2つの変数の関係を分析する場合、質的変数どうしの他に、どういう組み合わせがあるかな。

 えーと、（1）質的変数と量的変数、（2）量的変数と質的変数、（3）量的変数どうし、の3つですね。

 ちょっと、（1）と（2）は実質的に同じじゃないの？

 あれ、そうなの？　違うような気もするけど。

 お、なかなか鋭いね。質的変数と量的変数の関係を考える場合、どちらが原因でどちらが結果なのかによって、分析の方法を変える必要がある場合があるんだ。だから（1）と（2）を区別するのは重要なんだよ。

 ふふふ、どうやら僕の勝ちのようだね。

 ただし、それは高度な分析の話。この本では扱わないんだよね。質的変数と量的変数、それから量的変数どうしの関連の分析については、第5章で説明しよう。

4-1
度数分布表だけで大丈夫？

　第2章では、質的変数の分析には度数分布表を使うのが基本だと学びました。確かに、度数分布表をみることで、個々の変数の分布を調べることができます。表4-1は、ある調査における同居者の有無についての回答の度数分布表です。これをみれば、回答者のなかに一人暮らしの人が360人いることや、他の誰かと同居している人が2954人いることがたちどころにわかります。一人暮らしの人が少数派であることもわかりますね。

　次に、同じ調査のデータから、食習慣（一日に3食を食べる頻度）についての度数分布表を、表4-2に示しました。この表より、毎日3食食べる人が過半数を占めることがわかります。

表4-1　同居者の有無

	度数	比率
独居	360	10.9
他者と同居	2954	89.1
計	3314	100.0

出典：「働き方とライフスタイルの変化に関する全国調査」（2007年）

表4-2　一日に3食を食べる頻度

	度数	比率
毎日	1868	56.4
週6日以下	1446	43.6
計	3314	100.0

出典：表4-1に同じ

　では、同居者の有無と食習慣の間には、何か関係があるのでしょうか。ここで注目する2つの変数の関係は、統計学では「**関連**」という言葉で呼ばれます。関連とは、一方の変数の値が変化したときに、それに伴い、もう一方の変数の値も変化するように、変数間で値が共に変化することをいいます。これら2つの表をどれだけじっくり眺めても、関連の有無に対する答えは出せません。度数分布表は、1つ1つの変数の分布を調べることはできても、2つの変数の関連を分析することはできないのです。

4-2
クロス集計表

　2つの質的変数間の関連を調べたいときには、クロス集計表が大きな役割を果たします（以下、簡略化して「**クロス表**」と呼びます）。

　クロス表とは、2つないしそれ以上の質的変数を組み合わせて、同時に集計した表のことをいいます。社会調査のデータ分析では、非常によく使われます[1]。1つ例を挙げてみましょう。先ほどのデータから、同居者の有無と食習慣とのクロス表を作成したものが表4－3になります。

表4－3　同居者有無と食習慣とのクロス表

	毎日	週6日以下	合計
独居	121	239	360
他者と同居	1747	1207	2954
合計	1868	1446	3314

出典：表4－1に同じ

　表4－3をみると、「同時に集計」したことの意味がよくわかると思います。この表からは、一人暮らしであり、かつ、毎日3食食べている人が121人いることが明らかになります。他にも、同居者の有無と、食習慣のカテゴリーの組み合わせすべてについて、度数を求めることができます。つまり、用いた2つの変数のカテゴリーの、それぞれの組み合わせにあてはまる人の度数が、表にあらわれているということです。

1　社会学におけるクロス表の応用に、世代間移動表というものがあります。親と子の地位をクロスすることで、地位の再生産や移動の在りようなどをとらえるものです。詳しくは、数理社会学会（2006）を参照してください。

クロス表では、度数が表示されている1つ1つの枠のことを、「**セル**」と呼びます。また、第1章で触れたように、横方向を**行**、縦方向を**列**といいます。表4-3の場合、1行目の2列目のセルは、一人暮らしで毎日3食食べない人があてはまり、その度数は239となります。表の最も右側の列と、最も下の行には、各セルの数値を縦方向および横方向で合計した数値が示されています。これら合計欄の数値のことを、「**周辺度数**」と呼びます。表の最も右側の列はヨコ方向の合計欄ですから、「**行周辺度数**」といいます。同じように、最も下側の行はタテ方向の合計欄で、「**列周辺度数**」といいます。右下のセルに示されているのは全体度数あるいは**総度数**と呼ばれます。要するに、データ分析に使われた全個体の数のことです。

　また、行の数が2、列の数も2ならば「2×2のクロス表」、行の数が4で列の数が3ならば「4×3のクロス表」、というように、クロス表の行数と列数をもって、クロス表の大きさを示す呼び方も、しばしばなされます。

　ここまでの説明をまとめると、以下のようになります。

表4-4　列周辺度数と行周辺度数

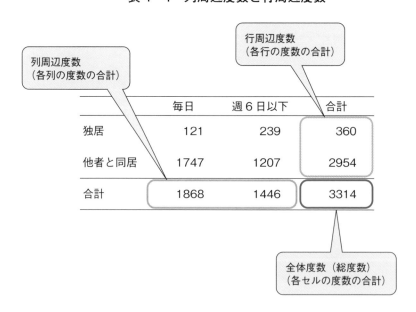

　ところで、第1章で量的変数と質的変数の違いについて説明した際に、量的／質的という基準による分類とは別の分類があることに触れました。それは、変数を原因と結果の関係から分類することです。

　原因と結果の関係のことを「**因果関係**」と呼びます。そして、原因にあたる変数のことを「**独立変数**」、結果にあたる変数のことを「**従属変数**」と呼びます。（独立変数は「**説明変数**」、従属変数は「**被説明変数**」と呼ぶ場合もあります。）

　慣例としては、表の左側（行にあたる側）に「原因」すなわち独立変数、表の上側（列にあたる側）に「結果」すなわち従属変数を配置します[2]。つまり、表4−3の例は、「同居者の有無が、食習慣に影響をしている」と考えて分析しているわけです。ただ、表の行列と独立変数・従属変数の配置の対応は、スペースの制約などさまざまな都合で変わりうるので、ここで述べたことは慣例の1つであって絶対視すべきものではありません。

2　表の左側のことを「表側」、表の上側のことを「表頭」と呼びます。

4-3
比率で分布を比べる

　さて、一日に3食とらない人の度数を比べてみると、一人暮らしでは239、同居者がいる場合では1207と、後者のほうが多いことがわかります。ではこの数字を根拠に、「同居者がいるほうが、一日に3食とらない傾向がある」と結論付けてよいかといえば、それはいけません。なぜなら、一人暮らしと同居者ありの周辺度数が大きく異なるので、回答人数の差がそのまま傾向の違いを表すとは限らないからです。そこで、比較しうる数字に直すために、周辺度数によってセルの度数を割って比率を求めます。

　ここで気づくのが、比率を計算するときの分母にすべき周辺度数は3種類あることです。それら3種類に対応して、計算される比率が変わります。

　行周辺度数を使って各セルの値を割り算すると、行の合計が100％になる比率が得られます。これを「**行パーセント**」と呼びます（表4−5）。

表4−5　行パーセントの例

（　）内の数値は度数

	毎日	週6日以下	合計	
独居	33.6% = (121÷360) ×100	66.4% = (239÷360) ×100	100.0% (360)	セルを横（行）方向に合計すると、100％になります。
他者と同居	59.1% = (1747÷2954) ×100	40.9% = (1207÷2954) ×100	100.0% (2954)	
合計	56.4% = (1868÷3314) ×100	43.6% = (1446÷3314) ×100	100.0% (3314)	

出典：表4−1に同じ

　各セルの値を列周辺度数で割ったときには、列の合計が100％になる比率が得られます。これを「**列パーセント**」と呼びます（表4－6）。

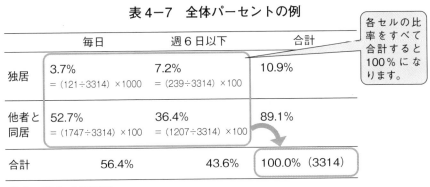

表4－6　列パーセントの例

	毎日	週6日以下	合計
独居	6.5% =(121÷1868)×100	16.5% =(239÷1446)×100	10.9% =(360÷3314)×100
他者と同居	93.5% =(1747÷1868)×100	83.5% =(1207÷1446)×100	89.1% =(2954÷3314)×100
合計	100.0%（1868）	100.0%（1446）	100.0%（3314）

セルを縦（列）方向に合計すると、100％になります。

出典：表4－1に同じ

　そして、各セルの値を全体度数（総度数）によって割ると、周辺度数以外のクロス表のセルすべてを合計して100％になる比率が得られます。これを「**全体パーセント**」と呼びます（表4－7）。

表4－7　全体パーセントの例

	毎日	週6日以下	合計
独居	3.7% =(121÷3314)×1000	7.2% =(239÷3314)×100	10.9%
他者と同居	52.7% =(1747÷3314)×100	36.4% =(1207÷3314)×100	89.1%
合計	56.4%	43.6%	100.0%（3314）

各セルの比率をすべて合計すると100％になります。

出典：表4－1に同じ

　行に独立変数、列に従属変数が配置されている場合、3種類の比率は、次のように読むことができます。まず行パーセントは、独立変数のカテゴ

リーごとにみた従属変数の比率の分布を示します。これによって、従属変数の分布の違いを独立変数のカテゴリー間で比べられるようになります。表4－5の例では、一人暮らしの人たちの食習慣の分布と同居者ありの人たちの食習慣の分布とが比較可能な数値になって表示されています。

次に列パーセントですが、従属変数のカテゴリーごとに独立変数の比率をみたものです。原因と結果との関係からすると何か変に思われるかもしれませんが、それぞれの結果ごとに原因の構成割合を比べていると考えればよいでしょう。表4－6の例では、毎日3食とっている人の中に一人暮らしの人が占める割合、同居者ありの人が占める割合を表示しています。

最後に全体パーセントです。全体パーセントは、独立変数の比率を比べるのにも、従属変数の比率を比べるのにも、向いていません。なぜなら、そこで示されるのは、2つの変数の組み合わせによる分布そのものであり、どちらか一方の変数の分布を他の変数のカテゴリー間で比べて関連を検討することができないからです。全体パーセントは、人数がセルに表示されていたもともとのクロス表を、比率を示すように縮小したものです。

クロス表に比率を掲載する場合に最もよく用いられる形式は、表4－8のように、行パーセントと併記して、かっこ内に度数を示すやり方です。パーセントだけを表示することは避けるべきです。そのようにすると、いったいそのクロス表がどれくらいのケース数からつくられたものなのか、わからなくなってしまうからです。統計分析においてケース数は、結果の信頼性と関係するため、常に表示すべき重要な情報なのです。

表4－8　クロス表の標準的な表示形式数値

数値：％（　）内は実数

	毎日	週6日以下	合計
独居	33.6（121）	66.4（239）	100.0（360）
他者と同居	59.1（1747）	40.9（1207）	100.0（2954）
合計	56.4（1868）	43.6（1446）	100.0（3314）

出典：表4－1に同じ

4-4
クロス表のグラフ表現

　クロス表の結果をもとに、グラフを作ることができます。第2章でも述べましたが、グラフは見やすく、わかりやすく、相手に情報が伝わりやすいという好ましい特徴があります。そのため、クロス表におけるセルの度数や比率を、グラフ化した方がよいことがあるのです。

　ここではその代表的なものとして、棒グラフと帯グラフについて説明します。まず棒グラフです。図4-1がその一例です。グラフ作成のもととなったクロス表を、表4-9に示しました。

表4-9　男女別にみた1日あたり喫煙本数

数値：%（　）内は実数

	吸わない	1-20本	20本以上	合計
男性	55.6 （936）	36.4 （612）	8.0 （135）	100.0 （1683）
女性	82.7 （1376）	16.1 （267）	1.2 （20）	100.0 （1663）
合計	69.1 （2312）	26.3 （879）	4.6 （155）	100.0 （3346）

出典：表4-1に同じ

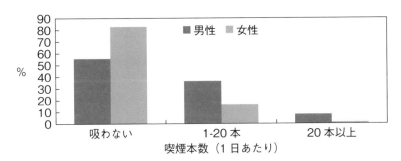

出典：表4-1に同じ

図4-1　男女別にみた1日当たり喫煙本数の棒グラフ

図4−1では、性別ごとの喫煙行動の比率が示されています。クロス表における、従属変数のカテゴリー（この場合は喫煙行動）ごとに、独立変数のカテゴリー（この場合は性別）を表す棒が並ぶように描くことが一般的です。縦軸には、もしケース数そのものに関心があるのであれば度数を、比率に関心があるのなら比率を表示することになります。比較されるグループに関する棒が隣り合っているので、どちらがより多いのか少ないのか、容易に判断することができるのではないでしょうか。同じ模様の棒は、独立変数のカテゴリーが同じであることを意味します。同じ模様の棒の高さをすべて足し合わせると、縦軸を度数としたときには、当該のカテゴリーの周辺度数になり、また縦軸を比率としたときには、100％になります。

　図4−2は、同じデータを帯グラフで表現したものです。

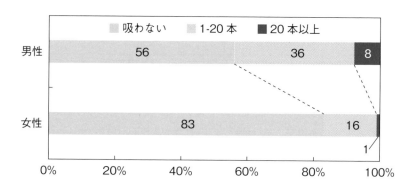

出典：表4−1に同じ

図4−2　男女別にみた1日当たり喫煙本数の帯グラフ

　帯グラフについては、すでに第2章で説明しましたが、1つ1つの「帯」は、独立変数のカテゴリーごとに描かれます。つまり、**帯グラフはクロス表をもとに作られているわけです**。これら2つとも、クロス表のグラフ表現として、頻繁に用いられています。

4-5
関連を1つの数値で
まとめるには：関連係数

　この節では、やや細かい内容を扱っています。難しく感じられた方は、次章へと進んでもかまいません。

1 比率の差とリスク比

　クロス表を使えば、変数間の関連を分析できます。しかし、「どのくらいの関連があるのか」、すなわち関連の大きさや程度を一言で言い表すことができないので、不便な場合があります。再び、同居者の有無と食習慣の関連の例で考えてみましょう。

　表4－8から、独居している者よりも他者と同居している者のほうが毎日3回食事をとる傾向が高めであることがわかります。それにより、同居者の有無と食習慣との間には関連がありそうだということまではわかるものの、その関連が強いのか弱いのかは、これだけではよくわかりません。

　そこで、関連を1つの数字であらわすことを考えてみましょう。最も単純な関連の指標は、比率の差です。つまりこの場合、他者との同居者における毎日3食をとる比率の59.1パーセントから、独居者の毎日3食をとる比率の33.6パーセントを引いた、25.5ポイントが比率の差となります。比率の差の絶対値が大きければ大きいほど、2つの変数の間の関連は大きいとみなせるわけです。逆に、比率の差がゼロであれば、関連はみられないことになります。比率の差の符号は、関連の向きを表します。プラスであれば、引かれるほうのカテゴリー（この場合は同居者）のほうが比率が高いことを示します。その逆に、マイナスであれば、引くほうのカテゴリー（この場合は独居者）のほうが比率が高いことを意味します。

2つの比率の比をとることもしばしば行われます。一方の比率を分子に、もう一方の比率を分母にして、割り算をすればすぐに求められます。このような比率の比のことを、医学や公衆疫学などでは、「**リスク比**」と呼ぶことがあります。

2 オッズ比

　しかしながら、社会学ではリスク比はあまり用いられません。社会学でよく用いられるのは、「**オッズ比**」と呼ばれる関連の指標です[3]。
　ある結果が生じる比率と、ある結果が生じない比率との比のことを、**オッズ**といいます。たとえば上記の例では、同居者が3食をとるオッズは、3食とる比率（59.1%）とそうではない比率（40.9%）との比から、$0.591 \div 0.409 = 1.44$と求められます。同様に、独居者についても、3食とるオッズは、$0.336 \div 0.664 = 0.51$と計算できます。そして、注目する2つのカテゴリーそれぞれのオッズどうしの比をとったものが、オッズ比となります。もし、2つの変数の間に関連がないのであれば、オッズ比は1になります。表4−8から、同居者の有無と食習慣との関連をオッズ比で測ると、その値は2.82（同居者のオッズ÷独居者のオッズ＝$1.44 \div 0.51 = 2.82$、比率に丸めずに計算すると2.86）となります。オッズ比を使えば、同居者は独居者に比べ、2.82倍、3食とりやすいことを明らかにできます。
　オッズ比は、医学研究でよく使われる数値です。読者のみなさんも「喫煙習慣のある人は、そうでない人に比べて1.5倍心疾患を発症しやすい」といった情報を聞いたことがあると思います。この時の「○倍」の数値

3　リスク比では、分母にとった比率の値によって、上限が決まってしまう弱点があります。もし分母の比率が50%であれば、リスク比は2以下の数値に限られてしまいます。オッズ比はこうした問題がなく、上限は無限大までとることが可能なので、関連の強さをより明確に示すことができます。

は、基本的にオッズ比です[4]。ということで、オッズ比は意外と身近な数値なのです。

　オッズ比は、次のように簡単に計算することができます。なお、以下ではaからdまでの記号が出てきますが、これらはクロス表の各セルの度数を意味しています。記号とセルの位置の対応関係は、表4－10のようになります。aとdが位置するセルのことを対角セル、bとcが位置するセルを非対角セルといいます。

表4－10　2×2クロス表の一般形

a	b
c	d

$$オッズ比 = (a \times d) \div (b \times c)$$

　ただし、オッズ比にはちょっと困った性質があります。先の分析例について、オッズ比の出し方を同居と独居の位置を逆にしてみましょう。今度は、分子を独居者のオッズ、分母を同居者のオッズとしてみるのです。すると、オッズ比は0.354となります。分子と分母を入れ替えただけで、何だか印象がだいぶ変わってしまいます。分子の値のほうが大きい場合、オッズ比は1から無限大までの範囲をとりますが、分母の値のほうが大きい場合は1から0までの範囲となります。1を境界に、値が非対称になっており、わかりにくいのです。

　これを避けるために、オッズ比を自然対数変換した「**対数オッズ比**」を求めることもしばしばなされます。対数変換すると、上限のプラス無限大はそのままですが、無関連を示す1は0へ、下限の0はマイナス無限大へと変わるので、上限も下限もなく、無関連時に0の値をとるような指標となります。先ほどみた非対称性の問題は解消され、0を中心に対称の指標

4　厳密には、年齢や性別などの条件の影響を調整した「調整済みオッズ比」ですが、基本的な性質は通常のオッズ比と同じです。

が得られます。これが対数オッズ比の便利な点です。ちなみに、再び表4
−8から対数オッズ比を求めてみましょう。すると、同居者のオッズを分
子、独居者のオッズを分母にしたときには＋0.928、同居者と独居者を逆
にしたときには−0.928になります。この計算例からも、対称になってい
ることがわかります。

　対数オッズ比の弱みは、値の直接的解釈がしにくいところにあります。
その点では、ある結果が何倍起こりやすいか、を意味するオッズ比よりも
使い勝手が悪いと言わざるを得ません。そこで、対数オッズ比とオッズ比
は併記され、相互補完的に使われることがよくあります。

3 ファイ係数

　関連を測る際に、解釈しやすいのは、0を中心として、−1から＋1ま
での値をとる指標です。そのような指標は、符号によって関連の向きを表
し、値の絶対値が関連の大きさを示します。また、2つの変数の間に関連
がないときには0になるように作られています。詳しくは次章でみる相関
係数がそのような指標の代表格ですが、クロス表からも、そのような便利
な関連の指標となる係数をいろいろ計算することができます。ここでは、
最も単純な2×2のクロス表で計算される関連係数を1種類だけ紹介しま
す。

　2×2のクロス表のための関連係数として、**ファイ（φ）係数**というも
のがあります。またの名を、**四分点相関係数**ともいいます。分子はa×d
で得られる順方向の組み合わせと、b×cで得られる逆方向の組み合わせ
の人数を比べています。前者が多ければプラス、後者が多ければマイナス
になるようにできています。分母で、a+bやc+dなどが出てきますが、こ
れらは合計欄の度数、すなわち周辺度数のことです。つまり、4つある周
辺度数をすべて掛け合わせたものが分母になっています。

$$\phi = \frac{ad - bc}{\sqrt{(a+b)(c+d)(a+c)(b+d)}}$$

ファイ係数は、−1から+1までの範囲の値をとり、0が関連なしであることを示す指標です。2×2のクロス表における代表的な関連係数です。ファイ係数は、数学的に相関係数（第5章で説明）と一致し、カイ2乗値（第12章で説明）という統計量と関係します。

ファイ係数は、質的変数間の関連を測る際の指標として、非常に有用です。しかし、これらの指標の弱点は、2×2のクロス表にしか適用できないことです。もちろん、あらゆるクロス表は、各変数の複数のカテゴリーを合併することを通して、2×2につくりかえることができます。ただそうすると、本来は存在していたカテゴリーの違いに関する情報を失ってしまうことになるので、いつでも2×2に直せばよいというものでもありません。そこでカテゴリー数が3つ以上であるときのための関連係数も、統計学ではたくさん開発されています[5]。

5　そのうちの1つであるクラメールのV係数は、本書の第12章で紹介しています。その他の関連係数については、ボーンシュテット&ノーキ（1990）などを参照してください。

第5章

変数の関係を分析しよう(2)
平均値の比較と相関係数

第5章のポイント

☐ 平均値の比較（量的変数と質的変数の関係の分析）

☐ 正の相関関係と負の相関関係

☐ 共分散

☐ 相関係数

☐ さまざまな関係のパターン

第5章の練習問題（解答つき）は、技術評論社ウェブサイトでご覧になれます。ぜひご利用ください。

5-1
質的変数と量的変数の関係の分析

1 平均値の比較

　量的変数と質的変数の関係を分析する方法はいくつかありますが、最もよく使われるのは、**質的変数のカテゴリーごとに量的変数の平均値を比較する方法**です。

　例えば、図5－1は、一週間の労働時間の平均値を男女で比較したものです。この場合、労働時間が量的変数、性別が質的変数ですね。男性のほうが女性よりも平均労働時間が長いことがわかります。

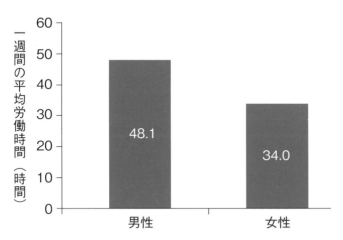

出典：「日本版総合的社会調査」(2006年)より作成：59歳以下の対象者のみ

図5－1　一週間の平均労働時間（男女別）

このように、平均値がカテゴリーによって異なる場合、質的変数と量的変数の間に関連があると判断します。逆に、質的変数と量的変数の間に関係がない場合、平均値はすべてのカテゴリーで同じになります。例えば、男性と女性で労働時間が同じならば、性別と労働時間の間には関係がないと考えます。

表5−1は、同じデータを表にまとめたものです。

表5−1　一週間の平均労働時間（男女別）

性別	平均値	標準偏差	度数
男性	48.1	14.1	1144
女性	34.0	14.6	957
合計	41.7	15.9	2101

出典：「日本版総合的社会調査」（2006年）より作成：59歳以下の対象者のみ

　平均を表形式で掲載する場合は、標準偏差と度数（ケース数）もあわせて示すのが一般的です。標準偏差は変数のちらばりを示す情報として重要ですし、度数は平均や標準偏差がどれくらい信頼できるかを示す基本的な情報になります。一般に、度数が多いほど、統計量の信頼性は高くなります。逆に、度数が小さいと、統計量がデータの偏り（外れ値など）の影響を受けやすくなり、信頼性が低くなります。（ただし、度数が多ければそれでOKかというと、そうではありません。この問題については、第9章で説明します。）

　平均値、標準偏差、ケース数をあわせて表示するのは、これら3つの情報を利用してさらに詳しい分析を行うことができるからです（第13章で説明します）。平均値・標準偏差・ケース数は、平均を比較するときの基本3点セットだと覚えてください。

2 クロス表による比較

第2章で説明したように、**量的変数を階級に変換する**ことで、質的変数のように扱うことができます。これを利用すれば、量的変数と質的変数の関係を、質的変数どうしの関連を分析するのと同じ方法で分析できます。

表5−2は、労働時間を階級に変換してクロス表分析を行ったものです。階級にしたことで、量的変数の分布の特徴をわかりやすく把握することができます。

表5−2　性別と週労働時間のクロス表

数値：％　（ ）内は実数

	一週間の労働時間				
	35時間以下	36〜40時間	41〜50時間	51時間以上	合計
男性	10.4（119）	24.3（278）	36.1（413）	29.2（334）	100.0（1144）
女性	49.1（470）	25.2（241）	19.0（182）	6.7（ 64）	100.0（957）
合計	28.0（589）	24.7（519）	28.3（595）	18.9（398）	100.0（2101）

出典：表5−1に同じ

なお、量的変数を質的変数に変換することはできますが、逆はできませんので念のため。

5-2
量的変数どうしの関係の分析（1）
散布図を描いてみよう

　次に、量的変数どうしの関連の分析について説明しましょう。

　量的変数どうしの共変関連のことを「相関関係」と呼びます。2つの量的変数AとBの間に相関関係がある場合、その関係のパターンは次のいずれかになります。

(1)　Aが増えるとBも増える

　　（例：勉強時間が増えると、テストの成績も上がる）

(2)　Aが増えるとBは減る

　　（例：ゲームをする時間が増えると、テストの成績が下がる）

　(1) のことを「正の相関関係」、(2) のことを「負の相関関係」と呼びます。

　量的変数の関連を把握する基本的な方法は、散布図を描いてみることです。

　散布図とは、2つの量的変数をx軸とy軸にとり、それぞれのケースをグラフ上の点として描いたグラフのことです。

　図5-2は正の相関関係、すなわち「Aが増えるとBも増える」関係の散布図です。正の相関関係が存在する場合、グラフの左下から右上にケースが集まる右肩上がりのパターンになります。図5-2の場合、相関はA、B、Cの順に強くなっていきます。相関が強くなるほど、右肩上がりの傾向がはっきり見えるようになります。相関関係が最も強い場合、図Cのように、すべてのケースが右肩上がりの直線上にならびます。

　図5-3は負の相関関係、すなわち「Aが増えるとBは減る」関係の散

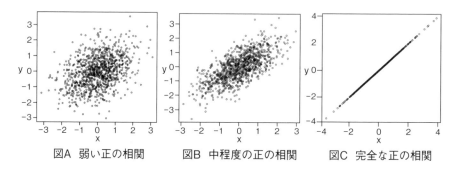

図A 弱い正の相関　　図B 中程度の正の相関　　図C 完全な正の相関

図5-2　正の相関関係の散布図

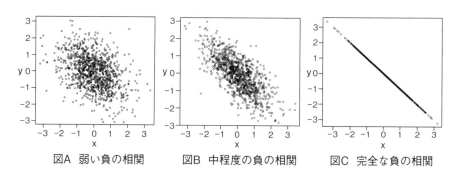

図A 弱い負の相関　　図B 中程度の負の相関　　図C 完全な負の相関

図5-3　負の相関関係の散布図

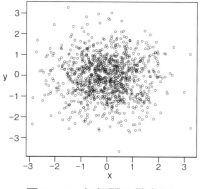

図5-4　無相関の散布図

布図です。この場合、グラフの左上から右下にかけてケースが集まる右肩下がりのパターンになります。相関はA、B、Cの順に強くなっていき、負の相関関係が最大になる図Cでは、ケースは完全に右肩下がりの直線上にならびます。

　図5－4は相関関係がない（無相関の）場合です。この場合、ケースは座標全体に均等に散らばり、特定の方向への偏りを持ちません。

5-3
量的変数どうしの関係の分析（2）相関係数

　散布図を描くことで2つの量的変数の関連を把握できますが、関連の強さや関連のパターンを数値で表現できると便利です。このために使われるのが「相関係数」です。相関係数とは、変数の関連（相関関係）の程度を表現する数値（係数）のことです。

　相関係数にはいくつか種類があるのですが、最もよく使われるのは「ピアソンの積率相関係数」です。通常、データ分析で単に「相関係数」と言ったときは、このピアソンの積率相関係数を指します。（本書でも、以下では単に「相関係数」と呼びます。）

　相関係数は−1から1の間の値をとります。符号が正であれば正の相関関係を、負であれば負の相関関係を意味します。数値が1もしくは−1に近いほど（言い換えると絶対値で1に近いほど）、相関関係が強いことを示します。相関係数が1の場合、図5−2の図Cのように、ケースが完全に右肩上がりの直線的な関係になります。逆に、相関係数が−1の場合、図5−3の図Cのように、ケースが完全に右肩下がりの直線的な関係になります。関連が弱くなるほど相関係数は0に近づき、完全に相関がないとき（図5−4のような状態のとき）、相関係数は0になります。

　相関係数は以下のような式で定義されます。

$$相関係数(r_{xy}) = \frac{x と y の共分散}{x の標準偏差 \, y の標準偏差} = \frac{s_{xy}}{s_x s_y}$$

　この式で重要なのは、分子の「共分散」です。第3章で分散について説明しましたが、共分散はその親戚にあたります。共分散の意味と性質さえきちんと理解できれば、相関係数は理解できたも同然です。

共分散は、次のような式で定義されます。

$$x \text{ と } y \text{ の共分散}(s_{xy}) = \frac{\sum_{i=1}^{n}(x_i - \bar{x})(y_i - \bar{y})}{N}$$

ちょっと難しそうですが、よく見ると分散の式になんとなく似ていますね。

次の節で、共分散と相関係数の式の意味についてくわしく説明します。多少ややこしい話になりますので、数学が苦手な人、時間のない人はとりあえずスキップして、5－6に進んでもかまいません。

5-4
共分散と相関係数の意味を理解しよう

共分散の式のしくみは、以下のようになります。

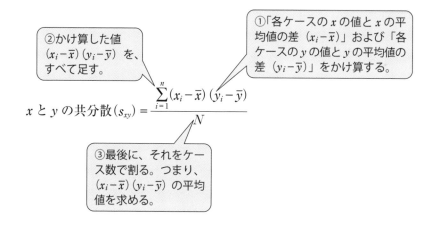

②かけ算した値 $(x_i-\bar{x})(y_i-\bar{y})$ を、すべて足す。

①「各ケースの x の値と x の平均値の差 $(x_i-\bar{x})$」および「各ケースの y の値と y の平均値の差 $(y_i-\bar{y})$」をかけ算する。

$$x\text{と}y\text{の共分散}(s_{xy}) = \frac{\sum_{i=1}^{n}(x_i-\bar{x})(y_i-\bar{y})}{N}$$

③最後に、それをケース数で割る。つまり、$(x_i-\bar{x})(y_i-\bar{y})$ の平均値を求める。

　この中で、特に重要なのが、$(x_i-\bar{x})(y_i-\bar{y})$ です。この式は、それぞれのケースが散布図上のどこに位置するかと関連しています。

　ここで、x の平均値、y の平均値とも0としましょう。すると図5−5のように、グラフの中央の座標 $(0, 0)$ を基準として、グラフ上の領域を①から④までの4つの領域に分けることができます。

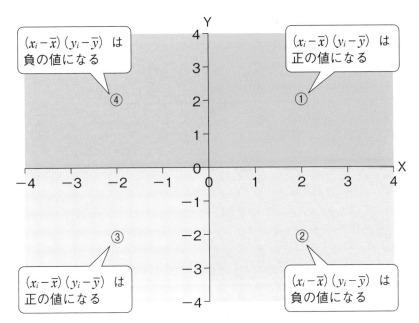

図 5−5　$(x_i - \bar{x})(y_i - \bar{y})$ の値と座標の位置関係

　①の領域に入るケースの $(x_i - \bar{x})(y_i - \bar{y})$ を計算すると、必ず正の値になります。

　たとえばxの値が2で、yの値が3というケース $(x_i = 2, y_i = 3)$ があるとします。このケースの場合、$(x_i - \bar{x})$ は $2 - 0 = 2$ で、正の値になります。同様に、$(y_i - \bar{y})$ は $3 - 0 = 3$ で正の値です。したがって、$(x_i - \bar{x})(y_i - \bar{y})$ は $2 \times 3 = 6$ で正です。

　逆に、xの値とyの値が平均値より小さいケースは、必ず③の領域に分布します。そして、この領域に入るケースの $(x_i - \bar{x})(y_i - \bar{y})$ の値は、やはり必ず正になります。

　たとえば $(x_i = -3, y_i = -2)$ というケースの場合、$(x_i - \bar{x})$ は $-3 - 0 = -3$、$(y_i - \bar{y})$ は $-2 - 0 = -2$ です。したがって、$(x_i - \bar{x})(y_i - \bar{y})$ は $-3 \times (-2) = 6$ で正になります。

つまり、グラフ上の①と③の領域に入るケースは、$(x_i - \bar{x})(y_i - \bar{y})$ の値が必ず正になるわけです。

では、領域②と④はどうでしょうか。

領域②に入るのは、x の値が平均値より大きく、y の値が平均値より小さいケースです。この場合、$(x_i - \bar{x})$ は正の値、$(y_i - \bar{y})$ は負の値になるので、$(x_i - \bar{x})(y_i - \bar{y})$ は負の値になります。

たとえば $(x_i = 3, y_i = -2)$ というケースの場合、$(x_i - \bar{x})$ は $3 - 0 = 3$、$(y_i - \bar{y})$ は $-2 - 0 = -2$ です。したがって、$(x_i - \bar{x})(y_i - \bar{y})$ は $3 \times (-2) = -6$ で負になります。

領域④に入るのは、x の値が平均値より小さく、y の値が平均値より大きいケースです。このとき、$(x_i - \bar{x})$ は負の値、$(y_i - \bar{y})$ は正の値になるので、$(x_i - \bar{x})(y_i - \bar{y})$ は負の値になります。

たとえば $(x_i = -2, y_i = 2)$ というケースの場合、$(x_i - \bar{x})$ は $-2 - 0 = -2$、$(y_i - \bar{y})$ は $2 - 0 = 2$ です。したがって、$(x_i - \bar{x})(y_i - \bar{y})$ は $-2 \times 2 = -4$ でやはり負になります。

以上のことをおさえた上で、$(x_i - \bar{x})(y_i - \bar{y})$ の合計、すなわち $\Sigma(x_i - \bar{x})(y_i - \bar{y})$ がどうなるかを考えてみましょう。

(1) x と y の間に正の相関関係があるとき、②と④よりも、①と③の領域に多くのケースが集まります（図5−6）。したがって、$(x_i - \bar{x})(y_i - \bar{y})$ の値が正になるケースが多いので、$\Sigma(x_i - \bar{x})(y_i - \bar{y})$ は正の値になります。相関関係が強ければ強いほど、ケースは①と③の領域に集まります。また単にそれだけではなく、①と③の領域には、x と y の平均値の交点（今回の例では原点）からの距離が大きいケース、すなわち $(x_i - \bar{x})(y_i - \bar{y})$ の値が大きいケースが多くなります。これらの結果として $\Sigma(x_i - \bar{x})(y_i - \bar{y})$ の値は大きくなります。

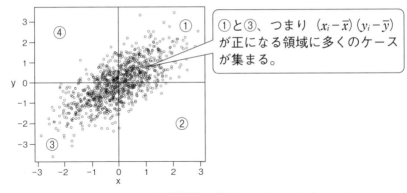

図5-6　正の相関関係の場合の$\Sigma\,(x_i-\bar{x})\,(y_i-\bar{y})$

　(2) xとyの間に負の相関関係があるとき、①と③よりも、②と④の領域に多くのケースが集まります（図5-7）。したがって、$(x_i-\bar{x})\,(y_i-\bar{y})$の値が負になるケースが多いので、$\Sigma\,(x_i-\bar{x})\,(y_i-\bar{y})$は負の値になります。相関関係が強ければ強いほど、ケースは②と④の領域に集まるので、結果として$\Sigma\,(x_i-\bar{x})\,(y_i-\bar{y})$の値は小さくなります。

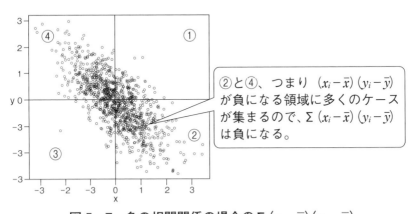

図5-7　負の相関関係の場合の$\Sigma\,(x_i-\bar{x})\,(y_i-\bar{y})$

　(3) xとyの間に相関がないとき、すなわち①から④までの領域に均等にケースが集まっている場合、正の領域の値の合計と、負の領域の値の合

計が互いに打ち消しあうので、$\Sigma(x_i-\bar{x})(y_i-\bar{y})$ は0になります（図5−8）。

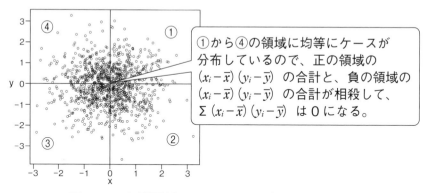

①から④の領域に均等にケースが分布しているので、正の領域の $(x_i-\bar{x})(y_i-\bar{y})$ の合計と、負の領域の $(x_i-\bar{x})(y_i-\bar{y})$ の合計が相殺して、$\Sigma(x_i-\bar{x})(y_i-\bar{y})$ は0になる。

図5−8　相関関係がない場合の $\Sigma(x_i-\bar{x})(y_i-\bar{y})$

　以上のことから、xとyの間に正の相関関係が存在する場合、$\Sigma(x_i-\bar{x})(y_i-\bar{y})$ は正の値、負の相関関係が存在する場合、$\Sigma(x_i-\bar{x})(y_i-\bar{y})$ は負の値になることがわかります。

　あとは、この $\Sigma(x_i-\bar{x})(y_i-\bar{y})$ をケース数で割れば、$(x_i-\bar{x})(y_i-\bar{y})$ の平均値を求めることができます。こうして得られるのが共分散です。つまり、**共分散はxとyの相関関係の強さと方向性**を表現しているわけです。

　ただし、共分散の値の単純な大小では相関関係の程度を判断することはできません。なぜなら、共分散は変数の単位やケース数の影響を受けるからです。したがって、共分散の値が大きいからといって、ただちに関連が強いとは判断できません。

　共分散の値の大小はそのまま関連の強さを意味しない例を示しておきましょう。表5−3は、簡単な2つのデータを比較したものです。データ1、データ2のいずれも、xが1増えればyも1増えるという正の相関関係を示しており、関連の強さはまったく同じです。ところが、この2つのデータの共分散を計算してみると、データ2のほうがケース数が多い分だけ共分

散の値が大きくなっています。

表5－3　関連の強さが同じ2つのデータの共分散

データ1					
X	1	2	3		共分散
Y	1	2	3		0.7（0.666…）
データ2					
X	1	2	3	4	5	共分散
Y	1	2	3	4	5	2

　そこで**共分散の標準化**を行って、値の大きさを調整すればよいことになります。共分散の値は x と y の関連の程度によって変化しますが、x と y の変数の関連が最も強い場合の値は、x と y それぞれの標準偏差をかけたものに一致します。したがって、共分散を x と y それぞれの標準偏差の積で割れば、共分散を「関連が最大の状態＝1（もしくは－1）」に標準化することができます。こうして得られるのが、相関係数です。

　以上が、共分散と相関係数の式の意味です。少し混み入っていますが、じっくり読んでもらえれば、共分散や相関係数がとてもよくできていることがわかるでしょう。

変数の関係を分析しよう（2）平均値の比較と相関係数

5

5-5
相関係数による
分析の例

　表5-4は、成人男性の年齢、教育年数、個人収入の相関係数をまとめ
たものです。表の行と列の交わるところにある数値が、それぞれの相関係
数です。例えば、2行目の教育年数と1列目の年齢の交わる部分の数値は
-.260ですが、これは教育年数と年齢の相関係数が-.260であることを意
味します。つまり、年齢が高い人ほど、教育年数が低くなる（学歴が低く
なる）傾向があることがわかります。

　他の数値も同じように見ることができます。個人収入と年齢の相関係数
は.095です。つまり、年齢が高いほど収入が高くなる傾向があることがわ
かります。また、教育年数と個人収入の相関係数が.213となります。つま
り、教育年数が高い（学歴が高い）人ほど、収入が多い傾向があるという
ことですね。

表5-4　年齢、教育年数、個人収入の相関係数

	年齢	教育年数	個人収入
年齢			
教育年数	-.260		
個人収入	.095	.213	

N＝2277

出典：「社会階層と社会移動」全国調査（2005年）

　ところで、表5-4には空欄があります。これは、空欄の部分は相関係
数の計算ができないからではなく、不必要な情報を省略しているからで
す。表5-4は、本当は表5-5のように、すべてのセルに数値を入れるこ
とができます。

表5−5　年齢、教育年数、個人収入の相関係数

	年齢	教育年数	個人収入
年齢	1.000	− .260	.095
教育年数	− .260	1.000	.213
個人収入	.095	.213	1.000

N＝2277

出典：表5−4に同じ

　表5−5では、行の年齢と列の年齢の交わる部分の数値は1.000です。これは、年齢と年齢の相関係数が1であることを意味します。教育年数と教育年数、個人収入と個人収入の部分も同様です。このように、**同じ変数の相関係数を計算すると、必ず1になる**という性質があります。また、同じ変数の相関係数は情報としては不必要なので、相関係数の表からは、しばしば省略されます。

　また、表5−5では、表5−4では空白になっていた表の右上の部分にも数値が入っています。しかし、第1行の2列目の数値（年齢と教育年数の相関係数）を見ると、第2行の1列目の数値（教育年数と年齢の相関係数）と同じことがわかります。これは変数の順番が入れ替わっているだけで、実質的に同じものを計算しているので当然の結果です。他の部分も同様で、第1行の3列目の数値（年齢と個人収入の相関係数）は第3行目の1列目（個人収入と年齢の相関係数）と同じですし、第2行目の3列目の数値（教育年数と個人収入の相関係数）は、第3行目の2列目の数値（個人収入と教育年数の相関係数）と同じです。このように、相関係数は対角線上のセルを境界にして、右上半分と左下半分が必ず対称になります。したがって、右上か左下のどちらか一方の情報だけを表示すれば十分というわけです。

5-6
関係のしかたは
1つじゃない

　ここまでに登場した相関関係は、図5－2や図5－3のように、直線的な関係を想定していました。直線的な関係は、$y = ax$ のような一次関数の形で表現できます。

　しかし、相関関係は、常に一次関数のような形になるとは限りません。図5－9は、男性労働者の平均年収を年齢別に示したものです。

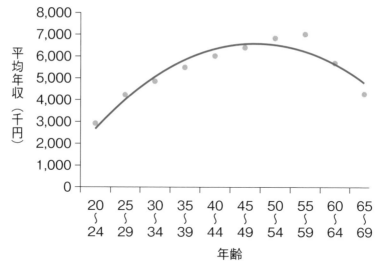

出典：国税庁「民間給与実態統計調査」（2022年）より作成

図5－9　男性の年齢別平均年収

　年齢と年収の間に関係があることは明らかですが、平均年収は年齢が上がるにつれて上昇し続けるのではなく、50代前半をピークに減少します。この関係のパターンは、一次関数ではなく、二次関数（$y = -ax^2 + bx + c$

のような上に凸な二次関数）に近いものです。

　もう一つ、別の例を見てみましょう。図5−10は、世界191カ国の平均余命（平均寿命）と1人あたりGNI（国民総所得：USドル換算）の関係を散布図にしたものです。

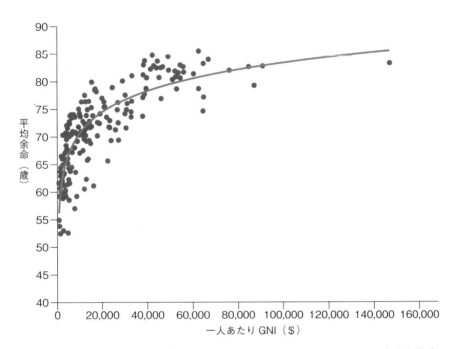

出典：国連開発計画（UNDP）「Human Development Report 2021/2022」より作成

図5−10　平均余命と1人あたりGNIの関係（2021年）

　基本的に、一人当たりGNIが多い国ほど平均余命が長くなる傾向があります。しかし、変化のパターンは均一ではなく、GNIが低い部分で急激に平均余命が上昇し、10,000ドル前後で変化がゆるやかになります。これも、単純な直線関係ではない変化のパターンです。

　以上のように、xとyが共に変化するといっても、その変化のパターンは様々です。図5−11は、さらに別の直線的でない変化のパターンの例で

す。いずれも、「xが増えるとyも増える」という関係ですが、すべて異なる曲線を描いています。

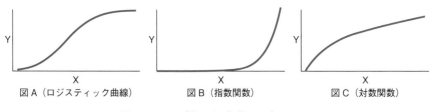

図A（ロジスティック曲線）　　図B（指数関数）　　図C（対数関数）

図5-11　様々な変化のパターン

　相関係数は、2つの変数が直線的に関連するときに、最もよく性能を発揮します。言い換えると、変数の間の関係が直線的ではない場合、相関係数は関連の程度を必ずしもうまく表現してくれません。したがって、2つの量的変数の関連を分析する場合は、まずは散布図を描いて、変数がどのような関連のパターンになっているかを確認することが重要です。

第 **6** 章

変数の関係をより深く考えよう：
原因と結果の考え方

··

第 6 章 の ポ イ ン ト

□ 因果関係の3つの基準

□ 見かけ上の関連

□ 第三変数

□ 先行変数（本当の原因）

□ 媒介関係

□ 媒介変数

··

第6章の練習問題（解答つき）は、技術評論社ウェブサイトでご覧になれます。ぜひご利用ください。

ごくごく。ずずーっ。

 あら、牛乳を飲んでるのね……って、いったい何パック飲んでるのよ。飲みすぎでしょ。お腹こわすわよ。

 いや、背を伸ばそうと思って。

 それで牛乳？　中学生じゃあるまいし、その歳じゃ手遅れよ。だいたい、何で今さら背を伸ばしたいわけ？

 身長が高い人は、給料も高くなるんだって。ネットに書いてあったよ。

 まーた、そんないい加減なネタを信じちゃって。

 いや、それは事実だよ。身長が高い人ほど賃金が高い傾向があることは、きちんとした研究で確認されてるんだ。経済学では、これを「身長プレミアム」という[1]。ただ、これを研究した経済学者によると、賃金に影響するのは、大人になってからの身長よりも16歳の時の身長らしいよ。

 がーん、じゃあ本当に手遅れじゃないですか！

 だから言ったでしょ。でも、何で16歳？

1　身長プレミアムについて詳しく知りたい人は、大竹（2005）をお読みください。

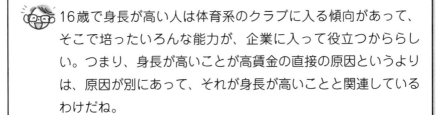

16歳で身長が高い人は体育系のクラブに入る傾向があって、そこで培ったいろんな能力が、企業に入って役立つかららしい。つまり、身長が高いことが高賃金の直接の原因というよりは、原因が別にあって、それが身長が高いことと関連しているわけだね。

僕みたいな低身長の文化系オタクは、もうだめなんですね……うう……（泣）

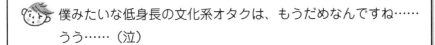

身長プレミアムは、アメリカとイギリスではあるけど、日本ではあるかどうかよくわからないみたいだから、気にする必要はないと思うけどね。

そうそう、身長以外の部分でいくらでも挽回できるでしょ。でも先生、今みたいに「本当の原因は何か」って考えるのは面白いですね。

うん。原因と結果の関係をきちんと考えることは、データ分析において非常に重要なんだ。ということで、第6章で原因と結果の関係の考え方を詳しく解説しよう。さらに、実際の分析でどうすればいいかを第7章と第8章で説明するよ。

6-1
因果関係の3つの基準

　第4章と第5章では、2つの変数の関係を分析する方法を説明しました。2つの変数の間に関係があることが確認できたら、さらに一歩踏みこんで**「なぜ、そのような関係があるのか」**あるいは**「その関係は、どのように生じているのか」**を解明することが次の課題になります。

　変数間の関係を作り出す具体的なしくみのことを、**「関係のメカニズム」**と呼びます。関係のメカニズムを説明するのは、簡単な場合もあれば難しい場合もありますが、その際のポイントは**変数間の因果関係に注意する**ことです。因果関係および因果関係に基づく変数の区別（**「従属変数」**と**「独立変数」**の区別）については、第4章で簡単に説明しましたが、この章では変数の関連や因果関係について、より詳しく説明します。

1 どちらが原因？　結果？

　2つの変数の間に関係がある場合、一方が原因で、もう一方が結果であ

ると考えたくなります。しかし、互いに関連する2つの変数のどちらが原因でどちらが結果なのかを判断することは、必ずしも簡単ではありません。

たとえば、次の2つの例を考えてみましょう。なお、以下では「AがBに影響する」という関係を「A→B」のように表現します。

例1：男性は女性よりも、牛丼を好む傾向がある。

例2：友人数が多い人ほど、交際費（人づきあいにかける出費）が多い。

例1は因果関係の判断が簡単な例です。性別が原因（独立変数）で、牛丼を好むかどうかが結果（従属変数）になります。「性別→牛丼」はありえますが、「牛丼→性別」は、理論的にも現実的にも不可能だからです。「牛丼好きな女性が、1日2回は牛丼を食べる生活を続けているうちに男性になってしまった」とか「牛丼嫌いな男性が、10年間一度も牛丼を食べずにいたら女性になってしまった」なんて、どう考えてもありえませんよね。

例2は因果関係の判断が難しい例です。まず「友人数→交際費」の場合、「友人が多いから、その分だけ交際費も増える」といった説明ができます。常識的な話ですね。

一方で「交際費→友人数」という関係にも、現実的な説明が可能です。「人づきあいで気前よくお金を使うと（たとえば、よく食事をおごったり飲みに連れていったりすると）、そのことが周囲の人達を惹きつけるので、結果として友人が増える」なんてどうでしょうか。これも、ありそうな感じです。

これら2つの因果関係は、両方とももっともらしく見えるため、どちらが正しいかを判断するためには、さらに詳しい情報や分析が必要です。また、どちらか一方の因果関係だけが正しいのではなく、両方とも正しい可能性もあります。たとえば、友人が多いので交際費も多い人が気前よくお金を使い、そのことがさらに友人を増やすので交際費がさらに上昇し……

123

という循環的な関係が生じる場合です。

2 因果関係の判断基準

ところで、例2よりも例1のほうが因果関係の判断が簡単な理由は、変数の関係が非対称だからです。「**関係が非対称**」とは、「A→B」と「B→A」の2つの関係のうち、どちらか一方しか成立しないということです。すでに説明したように「性別→牛丼」はありえますが「牛丼→性別」はありえません。このような非対称性が存在する場合は、因果関係の判断は容易です。言い換えると、**関係の非対称性が因果関係を判断するための基準**になっています。

因果関係を判断するための基準は、関係の非対称性の他にもあるのでしょうか？　結論から言うと、3つあります。以下の3つの基準が満たされるとき、2つの変数の間に因果関係があると判断するのが基本です[1]。

基準1：2つの変数の間に、関係があること。
基準2：2つの変数の間に、時間的な順序関係が存在すること。
基準3：2つの変数の関連が、時間的に先行する他の変数によって説明されないこと。

最初の基準は、当然ですね。変数の間に関係が見つからなければ、そもそも「この2つの変数の関係はどうなっているのだろう」とか「どちらが原因で、どちらが結果なのだろうか」と疑問に思うこともないわけですから。

2番目の「時間的な順序関係」とは、原因は結果よりも時間的に先に存

1　詳しくは、アッシャー（1980）を参照してください。

在するということです。性別と牛丼の好き嫌いの例で言えば、性別は生まれた時点で決まっているもの、牛丼の好き嫌いは生きていく中で決まってくるものなので、性別のほうが牛丼の好き嫌いよりも時間的に先に存在しています。さきほどの説明の中で出てきた関係の非対称性も、この時間的な順序関係に由来するものです。

　3番目は、最初の2つに比べてわかりにくいですね。ところが、変数の因果関係を判断する上で最も重要なのは、実はこの基準なのです。

変数の関係をより深く考えよう：原因と結果の考え方

6-2
見かけ上の相関と
第三変数

　3番目の基準の「**時間的に先行する他の変数によって説明されない**」とはどういうことかを、実際のデータをもとに説明しましょう。

　図6−1は1963年から2021年までの、日本の女性の平均余命（平均寿命）とレタスの収穫量の変化をまとめたものです。グラフの左の軸が平均余命、右の軸がレタスの収穫量を示しています。

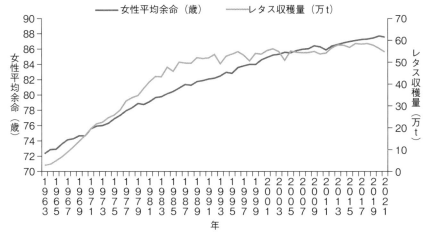

出典：平均余命は厚生労働省「平均余命の年次推移」、
レタス収穫量は農林水産省「野菜生産出荷統計」

図6−1　女性の平均余命とレタスの収穫量の変化（1963年〜2021年）

　平均余命とレタスの収穫量の変化がよく一致していることがわかります。相関係数は0.948で、レタスの収穫量と平均余命はほぼ完全な正の相関を示しています。

　さて、この結果をどのように考えればよいでしょうか。2つの変数のど

ちらかが原因で、もう一方が結果だとするならば、次の2通りの因果関係を考えることができます。

因果関係その1：レタスを食べると平均余命が伸びる
（レタス→平均余命）

レタスの生産量が増えて、多くの人がレタスを食べるようになった。レタスは健康にいいから、その結果として長生きする人が増えた。

因果関係その2：平均余命が伸びるとレタスが増える（平均余命→レタス）

平均余命が伸びると高齢者が増える。高齢者はレタスが好きなので、レタスの需要が高まり、レタスの生産量が増える。

これら2つの説明は、どちらもそれなりにもっともらしく見えます（2番目の説明はちょっと苦しいかもしれませんが）。では、どちらかが正しくどちらかが間違っているのでしょうか。それとも、両方とも正しいのでしょうか。

実はこれ以外に、まったく別の説明を考えることができます。**平均余命とレタスの収穫量の両方に影響を与えている本当の原因が別に存在する、**というのがそれです。本当の原因に気づいていないために、平均余命とレタスの間に関連があるように見えるわけです。つまり「レタス→平均余

命」と「平均余命→レタス」という2つの説明は両方とも間違いということになります。

では、本当の原因は何でしょうか。有力な候補として「日本社会の経済的な豊かさの上昇」を考えることができます。日本社会が豊かになることによって、医療や福祉のレベルが上がり、多くの人がそれを利用することができるようになりました。さらに人々の生活水準、特に栄養状態と衛生環境が向上しました。これらのおかげで、平均余命が伸びたと考えられます。

一方、社会が豊かになることで日本人のライフスタイルは伝統的なものから欧米的なものに変化しました。食生活、ファッション、住環境、価値観など、例を挙げればきりがありません。レタスの生産量が増えたのは、食生活が欧米化することでレタスの需要が高まったためと考えられます。社会学では、こういった経済発展やライフスタイルの欧米化といった社会の変化をまとめて「近代化」と呼びます。

ここまでの話をまとめると、図6−2のようになります。

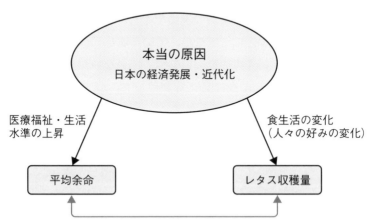

図6−2　見かけ上の相関と本当の原因

このように、本当の原因が存在しているにもかかわらず、それに気づか

ないために、2つの変数の間に相関があるかのように見えることを「見かけ上の相関」あるいは「擬似相関」と呼びます。

　2つの変数の関係を説明するために導入される3番目の変数のことを「第三変数」と呼びます。因果関係を判断するための3番目の基準で出てきた「時間的に先行する他の変数によって説明されない」とは、**2つの変数の関係が、それに先立って存在する第三変数（本当の原因）によって説明されない、という意味です。**このように、2つの変数よりも前に存在して見かけ上の相関を引き起こす第三変数のことを、「先行変数」と呼ぶ場合もあります。

　2つの変数の間に因果関係が存在するかどうかを判断するためには、それが見かけ上のものなのか、そうでないのか（言い換えると、本当の原因にあたる第三変数が存在する可能性があるかどうか）を見きわめる必要があるのです。

　これで因果関係を判断するための3つ目の基準の意味が理解できたことと思います。変数の間の関連を検討する場合は、これら3つの基準をつねに意識して考えるようにしましょう。

　とは言っても、2つの変数の背後に第三変数が存在するかどうかを見きわめるのは、研究分野を問わず、非常に難しいことです。訓練と経験を積んだ研究者でも、第三変数の存在を見逃してしまうことは、決して珍しいことではありません。

 ポイント 2つの変数の間に本当の理由（＝第三変数）が存在するかどうかを判断することが大切。

本当の
原因は
どこにある？

6-3
原因と結果を
つなぐもの

　因果関係の基準の問題とは別に、変数間の因果関係を検討する際に気をつけなければいけないことがあります。それは、**原因と結果をつなぐメカニズムを可能な限りしっかりと考えること**です。単に原因と結果が何であるかを明らかにするだけでなく、「**原因がどのようにして結果を生み出すのか**」のメカニズムを解明することは、社会学に限らず科学的研究の究極的な目標の1つです。

1 原因と結果はどうつながるのか

　みなさんは「風が吹くと桶屋が儲かる」ということわざを聞いたことがありますか？　これは18世紀に成立した小噺がもとになっています。江戸時代の浮世草子『世間学者気質』（無跡散人著、明和5（1768）年）がオリジナルだと言われています。次のようなお話です。（もとの話では、儲かるのは「桶屋」ではなく「箱屋」なので、以下でも「箱屋」としておきます。）

1. 大風で土ぼこりが立つ。（原因）
2. 土ぼこりが目に入るので、盲人が増える。
3. 盲人が三味線を買う。（当時の盲人が就ける仕事の1つが三味線弾きだったため。）
4. 三味線に使う猫皮が必要になり、ネコが殺される。
5. ネコが減ると、ネズミが増える。
6. ネズミは箱をかじる。

7. 箱の需要が増えるので、箱屋をすれば大儲けだ！（結果）

　冷静に考えるとずいぶん無茶な話ではありますが、ここで注意したいのは、原因と結果の間に、様々な要因と過程が存在しており、それらが連鎖することで、結果が生じるという点です。このように、原因と結果は直接的につながっているとは限りません。原因と結果は直接的に結びついているのか、それとも他の要因を介して間接的に結びついているのかを判断することは、非常に大切です。

2 媒介変数

　この問題を実際のデータをもとに考えてみましょう。表6－1は、親の学歴とその子どもの学歴の関係をまとめたものです。学歴は「高卒以下」（高卒と中卒）、「短大以上」（短大・高専・4年生大学・大学院）の2カテゴリーにまとめました。

表6－1　親子間の学歴の対応関係

数値：%（）内は実数

親学歴	子学歴		計
	高卒以下	短大以上	
高卒以下	63.9 (558)	36.1 (315)	100.0 (873)
短大以上	31.8 (85)	68.2 (182)	100.0 (267)
計	56.4 (643)	43.6 (497)	100.0 (1140)

出典：「社会階層と社会移動」全国調査（2005年）25歳以上40歳未満の男女のみ

　親の学歴が高いと、その子どもの学歴も高くなる傾向があることがわかります。親の学歴は子供の学歴より時間的に先に決まっていますし、本当の原因が別にあるとは考えられませんので、親の学歴が独立変数（原因）、子どもの学歴が従属変数（結果）と考えることができます。

親の学歴が子どもの学歴に影響するという関係が存在するとして、その
メカニズムはどうなっているのでしょうか。つまり、親の学歴は具体的に
どのようにして、子どもの学歴に影響を与えるのでしょうか。

　ありそうなのは、親の収入の影響でしょうか。家庭の経済的な豊かさが
子どもの教育に与える影響については、近年、かなり関心が高まっていま
すね。親の学歴、親の収入、子どもの学歴の関係をつなぐメカニズムは、
次のようになると考えられます。

親子間の学歴の関連を作り出すメカニズム（1）

> 　学歴の高い親は、収入が高い傾向がある。なぜなら、学歴が高けれ
> ば収入の高い仕事につくことができるし、同じ仕事をしていても学歴
> が高い人は収入が高くなる傾向があるからである。親の収入が高けれ
> ば、子どもの教育や進学にお金をかけることができるので、結果とし
> て子どもの学歴は高くなる。

　つまり「親学歴→親の収入→子どもの学歴」という流れですね。このよ
うに、ある原因がどのように影響して結果を作り出すのかを検討していく
と、**原因と結果をつなぐ新たな変数の存在が浮かび上がってくる場合があ
ります。**

　因果関係のある2つの変数をつなぐ（媒介する）役割を果たす変数のこ
とを「**媒介変数**」と呼びます。この例の場合は「親の収入」が媒介変数で
す。また、媒介変数によってつながる因果関係のことを「**媒介関係**」と呼
びます。「風が吹けば桶屋が儲かる」も媒介関係の例です。なお、媒介変
数も第三変数の一種です。しかし、2つの変数に対して時間的に先行して
いませんので、前節で説明した先行変数とは区別されます。（したがっ
て、媒介関係は見かけ上の相関とは別のものです。）

　このように、因果関係をより詳しく検討し、媒介変数の存在を明らかに
することで、関連のメカニズムをより正確に把握できます。ただし、原因

と結果をつなぐメカニズムは1つだけとは限りません。（さらに言えば、原因も1つだけとは限りません。）

　社会現象に限った話ではありませんが、1つの原因が、様々なメカニズムで結果に影響を与えることは、決して珍しいことではありません。親の学歴と子どもの学歴の関連もそうです。親の学歴と子どもの学歴をつなぐメカニズムについてはいろいろと考えられますが、ここではもう1つだけ例を追加しておきましょう。

親子間の学歴の関連を作り出すメカニズム（2）

> 　学歴の高い親は、「高い学歴を得ること」や「勉強すること」を高く評価し、逆に学歴の低い親は「高い学歴を得ること」や「勉強すること」を必ずしも高く評価しない傾向がある。このような親の価値観が子どもの勉強意欲や進学意欲に影響するので、結果として学歴の高い親の子どもの学歴は高くなる。

　こちらは「親学歴→親の価値観→子どもの学歴」という関係ですね。（これをさらに細分して「親学歴→親の価値観→子どもの価値観→子どもの学歴」と考えてもいいかもしれません。）

　このようなメカニズムを考えることができれば、データ分析でそれを確かめることが可能です。（1）の場合であれば、親の収入を調べて、学歴との関係を分析する。（2）の場合なら、学歴や勉強することの価値観を調べて、学歴との関係を分析する。こうした分析によって、2つのメカニズムのどちらが正しいのか、2つとも正しい場合、どちらの影響が強いのか、を分析することができます。ここまでの話をまとめると、図6−3のようになります。

　見かけ上の相関や媒介関係のように、2つの変数の関係に見えたものが、実は3つ以上の変数の関係によって作り出されることは、決して珍しいことではありません。というより、そのほうが多いかもしれません。次の章からは、こうした3つ以上の変数の関係を分析する方法を説明します。

メカニズムその1：親の収入の影響

メカニズムその2：親の価値観の影響

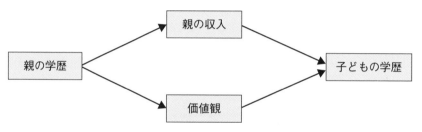

因果のメカニズム（媒介変数）は1つとは限らない

図6−3　媒介関係のまとめ

第 7 章

変数の関係をさらに分析しよう（1）
3重クロス表

・・・

第 7 章 の ポ イ ン ト

☐ 3重クロス表の構造

☐ 3重クロス表における擬似相関

☐ 3重クロス表における媒介関係

☐ 3重クロス表における交互作用効果

・・・

第7章の練習問題（解答つき）は、技術評論社ウェブサイトでご覧になれます。ぜひご利用ください。

7-1
2重クロス表の限界

　第4章で説明したように、クロス表は、質的変数どうしの関連を読み解く大変役に立つ分析法です。

　しかし、**クロス表**、より正確に言うなら**2重クロス表**（2変数のクロス表のこと）では、変数の関係を十分に分析できないことがあります。第6章で説明した第三変数や媒介変数が関係してくる場合がそうです。2つの変数の間にみられる関連が見かけ上のものにすぎないのかどうか、あるいは、2つの変数が媒介変数によってどのようにつながっているのかは、2重クロス表だけでは完全に把握できない場合があります。

　このことを、具体例で検討してみましょう。仕事満足度、性別、従業上の地位の3つの変数の関連を、3つの2重クロス集計を作って分析してみます。

　仕事満足度は「現在あなたは仕事にどの程度満足していますか」という質問で測定されます。回答は「満足」と「不満」の2カテゴリーにまとめます[1]。

　従業上の地位とは、労働者の雇われ方のタイプのことです。正規雇用（正社員）、非正規雇用（パートやアルバイトなど）、自営（誰かに雇われているのではなく、自分で自分を雇う）の3つに大別されますが、今回の分析では、「正規雇用」と「非正規雇用」の2カテゴリーのみを扱います。

　表7-1は性別と従業上の地位のクロス表です。男性のほうが正規雇用の比率が高いことがわかります。

---

1 「満足」と「どちらかと言えば満足」を合併して「満足」に、「どちらでもない」、「どちらかといえば不満」、「不満」を合併して「不満」としました。

表7-1 性別と従業上の地位の2重クロス表

数値：％、（ ）内は実数

	正規	非正規	計
男性	83.1 (1011)	16.9 (206)	100.0 (1217)
女性	58.9 (610)	41.1 (425)	100.0 (1035)
計	72.0 (1621)	28.0 (631)	100.0 (2252)

出典：「働き方とライフスタイルの変化に関する全国調査」（2007年）

　男性に比べて女性の非正規雇用が多い主な理由は、結婚や育児で仕事を離れていた女性が再就職する際に、家庭と仕事を両立するために勤務時間や勤務日程の調整のしやすい非正規を選ぶ傾向があるからです。企業側も、人件費などのコストの問題から、再就職する女性を雇う場合は、非正規雇用で採用することを好みます。

　表7-2は、従業上の地位と仕事満足度のクロス表です。正規雇用のほうが、仕事に「満足」と答える比率が高いことがわかります。

表7-2 従業上の地位と仕事満足度の2重クロス表

数値：％、（ ）内は実数

	満足	不満	計
正規	45.0 (730)	55.0 (891)	100.0 (1612)
非正規	36.0 (227)	64.0 (404)	100.0 (631)
計	42.5 (957)	57.5 (1295)	100.0 (2252)

出典：表7-1に同じ

　正規雇用は非正規雇用に比べて、賃金、各種社会保障制度、雇用の安定性など、様々な面で恵まれています。したがって、正規雇用の仕事満足度が高くなるのは当然と言えるでしょう。

　これら2つの結果から、性別と仕事満足度の関係を三段論法的に予想してみましょう。

（1）男性のほうが正規雇用が多い（表7−1）。

（2）正規雇用のほうが仕事満足度が高い（表7−2）。

（3）ゆえに、男性のほうが仕事満足度が高い（予想）。

しかし、事実は異なります。表7−3は性別と仕事満足度のクロス表です。性別と仕事満足度の間には強い関連がなく、男性よりも女性のほうが、満足度がわずかに高いことがわかります。

表7−3　性別と仕事満足度の2重クロス表

数値：％、（　）内は実数

	満足	不満	計
男性	41.1（500）	58.9（717）	100.0（1217）
女性	44.2（457）	55.8（578）	100.0（1035）
計	42.5（957）	57.5（1295）	100.0（2252）

出典：表7−1に同じ

なぜ、このような結果が生じるのでしょうか。少し考えてみてください。しかし、表7−1から表7−3までの3つの2重クロス表を眺めているだけでは、筋の通った説明を考えることは難しいかもしれません。

7-2
3重クロス表

このような場合に威力を発揮するのが、**3重クロス表**です。3重クロス表とは、3つの変数を同時に集計したクロス表のことです。

表7-4が、3重クロス表の例です。これは、性別と仕事満足度のクロス表に、従業上の地位を追加して集計したものです。

表7-4　性別・仕事満足度・従業上の地位の3重クロス表

数値：%、（　）内は実数

| 従業上の地位 | 性別 | 仕事満足度 | | 計 |
		満足	不満	
正規雇用	男性	43.9 (444)	56.1 (567)	100.0 (1011)
	女性	46.9 (286)	53.1 (324)	100.0 (610)
	計	45.0 (730)	55.0 (891)	100.0 (1612)
非正規雇用	男性	27.2 (56)	72.8 (150)	100.0 (206)
	女性	40.2 (171)	59.8 (254)	100.0 (425)
	計	36.0 (227)	64.0 (404)	100.0 (631)

出典：表7-1に同じ

2重クロス表が、折り重なるように2つ表示されていることがわかります。これは、3番目の変数（従業上の地位）によって条件を分けた上で、性別と仕事満足度のクロス集計を行っているということです。3番目の変数によって条件を分けることを「**層別**」と呼ぶこともあります。この例にみられるように、3重クロス表では、独立変数が「**行**」、従属変数が「**列**」、それに加えて3番目の変数が「**層**」の違いを表す形式になっているのが標準的です。

表7-4を見ると、次の2つのことがわかります。

（1）正規雇用の場合、性別による仕事満足度の違いはあまりない。
（2）非正規雇用の場合、男性の仕事満足度は女性より10ポイント以上低い。

　つまり、男性の非正規雇用の仕事満足度の低さが、男性全体の仕事満足度を引き下げているわけです。これによって、表7－3のように、女性の仕事満足度がわずかに高いという結果が生み出されたのです。このことは、3重クロス集計を行わない限り、発見することはできません。

　以上のことから、3重クロス表は、変数の関連を深く読み解くための道具として、きわめて有用なものであることがわかるでしょう。

　ところで、非正規雇用の男性の仕事満足度が低いのはなぜでしょうか。理由はいくつか考えられますが、これは読者の皆さんへの宿題としておきましょう。

7-3
3重クロス表を
グラフ化しよう

　3重クロス表は重要な分析法ですが、表に含まれる情報が多いので、変数の関連がどのようになっているのかを把握することは、慣れない人にとってはなかなか大変です。

　そんな場合、3重クロス表をグラフで表現すると、変数の関連をわかりやすく把握することができます。

　図7-1は、表7-4を帯グラフにしたものです。4つの帯で性別と従業上の地位の組み合わせを表現し、それぞれの組み合わせにおける「満足」と「不満」の比率の違い示しています。

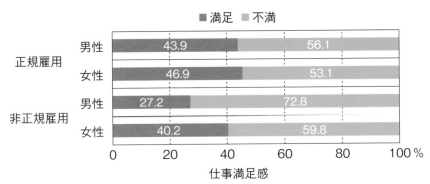

出典：表7-1に同じ

図7-1　従業上の地位、性別と仕事満足度の関係（帯グラフ）

　図7-2は、表7-4を折れ線グラフにしたものです。この場合は、仕事満足度に「満足」と回答した人の比率のみを表示しています。グラフの縦軸が「満足」の比率を示し、性別を2本の線、従業上の地位を横軸とすることで、性別と従業上の地位の組み合わせを表現しています。

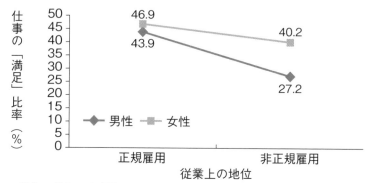

出典：表7-1に同じ

図7-2　従業上の地位、性別と仕事満足度の関係（折れ線グラフ）

　いずれのグラフでも、非正規雇用の場合に仕事満足度の男女差が大きくなることが明確にわかります。このように、3重クロス表をグラフ化することは、分析結果を把握し、わかりやすく伝えるために重要な方法です。（もちろん、帯や折れ線以外のグラフを使ってもかまいません。）

7-4
変数のコントロール

　3重クロス表分析に限らず、統計分析において変数の影響を考慮した分析を行うことを、「**変数をコントロールする**」と呼びます。日常生活では「コントロール」は、何か（誰か）を操作する、という意味で使います。例えば、投球の精度が高い投手は「コントロールのよいピッチャー」です。部下をうまく統率できる上司は「あの人は部下のコントロールがうまい」と評されます。

　これに対し、統計学における「変数のコントロール」とは、「ある変数の影響を一定に保つよう操作すること」を意味します。

　先ほどの仕事満足度の例の場合、性別と仕事満足度の2重クロス表（表7-3）は、3番目の変数である従業上の地位の2つのカテゴリーを区別しないまま集計しています。それを表7-4のように、正規と非正規に区別した上で集計することが「変数の影響を一定に保つ」ことに相当します。

　変数のコントロールは、データ分析において非常に重要な概念の1つです。適切に変数をコントロールすることは、よいデータ分析をするための重要なポイントです。

　統計学における変数のコントロールは、（1）変数の値を等しくそろえる方法、（2）数学的に変数の影響を取り除く方法、の2つに大別されます。3重クロス表は、前者の代表例です[2]。（第8章で登場する偏相関係数は、後者の例です。）

2　この他に、第三変数の値が似たものどうしの個体をペアにして比較をする「**マッチング**」、第三変数の値により重みを付けて変数の値を調整する「**ウェイトによる補正**」などもありますが、本書では省略します。

7-5
3重クロス集計における
関連のパターン

　3重クロス表分析では、3つの変数の関係を、いくつかのパターンに分類することができます[3]。ここでは、それらの中から特に重要な3つのパターンについて解説します。

1 擬似相関

　擬似相関（見かけ上の相関）については、第6章で詳しく説明しました。
　3重クロス表分析では、次の2つの条件を満たす場合に、擬似相関が生じていると判断します。

（1）第三変数によって層別することで、2つの変数間の関連がなくなる。
（2）第三変数が2つの変数よりも時間的に先行している。

　表7-5は、ある調査における回答者の健康状態と、携帯ゲーム機[4]を所有しているかどうかの関係を2重クロス表にしたものです（架空例）。

3　3重クロス表によって変数間の関連を明確にすることを「エラボレーション」と呼びます。エラボレーションについては原・海野（2004）などを参照してください。

4　今（2024年）となっては携帯ゲーム機はスマホにほぼ駆逐されてしまったので適切な例ではないかもしれませんが、執筆時（2011年）はそうだったということでお許しください。時代の変化って怖いですね。納得いかない方は「携帯ゲーム」を適当な物に置き換えましょう。今なら何がいいでしょうか。

表7-5　携帯ゲーム機の所有と健康状態の2重クロス表（架空例）

数値＝%、（　）内は実数

携帯ゲーム機	健康状態		
	良い	普通＋悪い	計
持っている	36.0 （430）	64.0 　（770）	100.0 （1200）
持っていない	26.0 （470）	74.0 （1330）	100.0 （1800）
計	30.0 （900）	70.0 （2100）	100.0 （3000）

　携帯ゲーム機を持っている人のほうが、健康状態が良いことがわかります。この結果から「携帯ゲーム機は健康にいい」あるいは「健康な人は携帯ゲーム機が好き」と判断していいでしょうか？

　ここで、第三変数として年齢を考えてみましょう。一般に、年齢が高くなるほど健康状態が悪い人の比率が増加します。また、携帯ゲームを持っているのは、主に若い人でしょう。したがって、年齢という真の原因が、健康状態と携帯ゲーム機の所有という2つの変数に影響していると考えられます。

　健康状態と携帯ゲーム機の所有の関連が年齢によって生じる擬似相関であるとすれば、年齢によって層別したときの3重クロス表は、たとえば表7-6のようになります。ここでは、年齢を「20歳から39歳」、「40歳から59歳」、「60歳以上」、の3カテゴリーにまとめました。

表7－6　年齢層、携帯ゲーム機の所有、健康状態の3重クロス表（架空例）

数値＝％、（　）内は実数

年齢層	携帯ゲーム機	健康状態					
		良い		普通＋悪い		計	
20〜39歳	持っている	40.0	(320)	60.0	(480)	100.0	(800)
	持っていない	40.0	(80)	60.0	(120)	100.0	(200)
	計	40.0	(400)	60.0	(600)	100.0	(1000)
40〜59歳	持っている	30.0	(90)	70.0	(210)	100.0	(300)
	持っていない	30.0	(210)	70.0	(490)	100.0	(700)
	計	30.0	(300)	70.0	(700)	100.0	(1000)
60歳以上	持っている	20.0	(20)	80.0	(80)	100.0	(100)
	持っていない	20.0	(180)	80.0	(720)	100.0	(900)
	計	20.0	(200)	80.0	(800)	100.0	(1000)

　どの年齢層においても、携帯ゲーム機を持っている人と持っていない人の健康状態は変わりません。つまり、年齢をコントロールすると、健康状態と携帯ゲーム機との間の関連が見られなくなります。

　また、表7－6の各年齢層のクロス表の周辺度数に注目すると、（1）若い年齢層ほど健康状態が良い人が多い（各年齢層の行の合計を見る）、（2）若い年齢層ほど携帯ゲームを所有している人が多い（各年齢層の列の合計を見る）、の2点が確認できます。

　この例の場合、年齢という変数は、健康状態および携帯ゲーム機の所有のいずれに対しても、時間的に先行して存在しています。健康状態が悪くなると年齢が上がるとか、携帯ゲーム機を持つと年齢が下がるなどの因果関係はあり得ません。したがって、表7－6に見られる携帯ゲーム機の所有と健康状態の関連は、年齢という本当の原因によって引き起こされた擬似相関と判断できるわけです。

　以上の内容を、図にしたものが、図7－3です。2重クロス表と3重クロス表とをあわせて検討することで、擬似相関が発見できたことがおわかりいただけるのではないでしょうか。

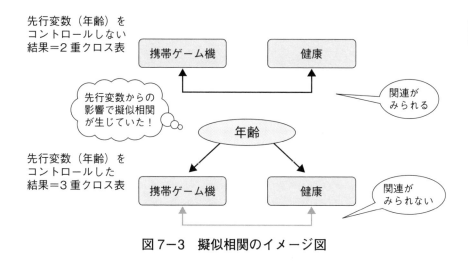

図7-3　擬似相関のイメージ図

2　媒介関係

　媒介関係についても、すでに第6章で説明しました。独立変数と従属変数が、直接ではなく第三変数（媒介変数）によって仲介されている場合、すなわち「独立変数→媒介変数→従属変数」という関係を、**媒介関係**と呼びます。

　3重クロス表分析では、次の2つの条件を満たす場合に、媒介関係が存在すると判断します。さきほどの擬似条件と比べると、(1)は同じで、(2)が異なります。

（1）第三変数によって層別することで、2つの変数間の関連がなくなる。

（2）第三変数が2つの変数の時間的順序の間に入っている。

　表7-7は、ある調査における回答者の出身地域と、就職先の企業規模の関係を2重クロス表にしたものです（架空例）。

表7－7　出身地域と就職先企業規模の2重クロス表（架空例）

数値＝%、（　）内は実数

出身地域	就職先企業規模					
	大企業		中小企業		計	
都市出身	40.0	（800）	60.0	（1200）	100.0	（2000）
地方出身	28.6	（800）	71.4	（2000）	100.0	（2800）
計	33.3	（1600）	66.7	（3200）	100.0	（4800）

　大企業に就職する比率は、都市出身者だと40%なのに対し、地方出身者は28.6%です。ここには大きな比率の差がみられますが、それは出身地域と就職先の企業規模との間に関連があることを示します。

　では、なぜ、出身地域が就職先の企業規模へと影響するのでしょうか。ここで、学歴が媒介変数となるのでは、と考えてみましょう。なぜなら、出身地域によって学歴達成の水準が異なり、それに続いて、学歴が就職先企業規模へと影響しているという媒介関係がありうるからです。

　そこで、学歴を第三変数とした3重クロス表を出してみます。学歴が出身地域と企業規模の間を完全に媒介している場合、表7－8のような結果が得られます。学歴で層別すると、出身地域と就職先企業規模との関連はきれいになくなっています。

表7－8　出身地域、就職先企業規模、学歴の3重クロス表（架空例）

数値＝%、（　）内は実数

学歴	出身地域	就職先企業規模					
		大企業		中小企業		計	
大卒以上	都市部出身	50.0	（700）	50.0	（700）	100.0	（1400）
	地方出身	50.0	（500）	50.0	（500）	100.0	（1000）
	計	50.0	（1200）	50.0	（1200）	100.0	（2400）
高卒以下	都市部出身	16.7	（100）	83.3	（500）	100.0	（600）
	地方出身	16.7	（300）	83.3	（1500）	100.0	（1800）
	計	16.7	（400）	83.3	（2000）	100.0	（2400）

　媒介関係は、見かけ上の関連とは区別されなければなりません。出身地域は就職先企業規模へと影響しない、のではありません。確かに影響はあるのですが、それは学歴を媒介した間接的なものとみるのが正しいのです。

　以上の内容を、図にすると、図7－4になります。

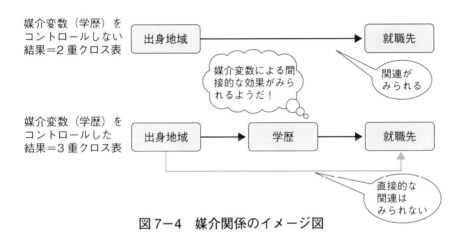

図7－4　媒介関係のイメージ図

3　交互作用効果

　2つの変数xとyの間の関連のパターンが、第三変数zのカテゴリーによって異なることを「**交互作用効果**」と呼びます。実は、この章の前半で検討した仕事満足度の分析の中で、交互作用効果が発生しています。

　図7－2を、もう一度見直してください。性別（x）と仕事満足度（y）という2つの変数の関連は、従業上の地位（z）のカテゴリーによって異なっています。具体的には、従業上の地位が正規雇用の場合は仕事満足度の男女差が小さいのに対し、非正規雇用の場合は仕事満足度の男女差が大きくなっています。これが「2つの変数xとyの間の関連のパターンが、第三変数zのカテゴリーによって異なる」ことの具体的な例です。

図7－2は、第三変数のカテゴリーによって、独立変数と従属変数の関連の大きさが変わりましたが、関連の符号（女性のほうが男性よりも満足度が高い）はどちらも同じでした。交互作用には、これ以外にも、いろいろなパターンがあります。いくつかの例を図7－5に表してみました。

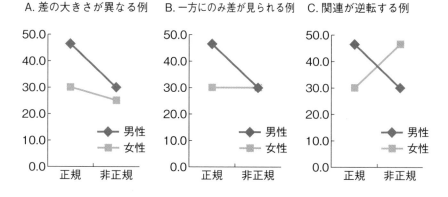

図7－5　いろいろな交互作用のパターン

　図7－5に示した3つのパターンのうち、Aはすでにみた図7－2と似ています。これは、従業上の地位のカテゴリーごとに、性別（独立変数）による仕事満足度（従属変数）の差がそれぞれ異なる例です。Bも差が異なるのは同様ですが、この場合、非正規では男女差がなく、正規被雇用者のなかだけで男女差がみられます。そしてCは、関連の向きが第三変数のカテゴリーにより異なり、正規では男性の満足度が高いのですが、非正規だと女性のほうが満足度が高いというように、関連が逆転してしまう例です。これらはすべて、交互作用効果の例といえます。

　交互作用効果は、3つ以上の変数が組み合わされることによって、初めて発生する複雑な因果関係のメカニズムです。それゆえ、データ分析において交互作用効果を発見することは、社会現象のメカニズムを解明する上で、とても重要な手がかりになります。

第 **8** 章

変数の関係をさらに分析しよう (2) 量的変数の分析

第 8 章のポイント

☐ 変数を組み合わせた平均値の比較

☐ 偏相関係数

☐ 生態学的相関

第8章の練習問題 (解答つき) は、技術評論社ウェブサイトで
ご覧になれます。ぜひご利用ください。

8-1
変数を組み合わせた平均値の比較

　第5章では、平均値の比較によって、質的変数と量的変数の関連を分析できることを示しました。ここでは、質的変数（第三変数もしくは媒介変数）をもう一つ加えた、質的変数が2つと量的変数が1つの場合の平均値の比較について説明します。

　第5章では男女別の労働時間の平均値を比較し、男性のほうが女性よりも労働時間が長いことを確認しました。

　性別によって平均労働時間が異なる理由はなんでしょうか。頑張って仕事をしないと競争に取り残されてしまうという危機感を男性のほうが感じやすいので、男性のほうが長く働くのかもしれません。あるいは、結婚している女性が家事や育児のために早く帰る必要があるかもしれません。

　労働時間の男女差を作り出す重要な要因として、第7章で説明した従業上の地位（雇用形態）の男女差が考えられます。従業上の地位とは、働いている人の「雇われ方」のことでした。具体的には、正社員（正規雇用労働者）として働いているのか、パートやアルバイトなどの非正規雇用労働者として働いているのか、あるいは自営業のように誰かに雇われているわけではない（自分で自分を雇っている）のか、の違いですね。

　図8-1は、被雇用者に占める非正規雇用労働者の比率の変化をまとめたものです。ここ40年の間に、女性の非正規雇用労働者比率は着実に増加し、2003年以降は50％を超える状態が続いています。

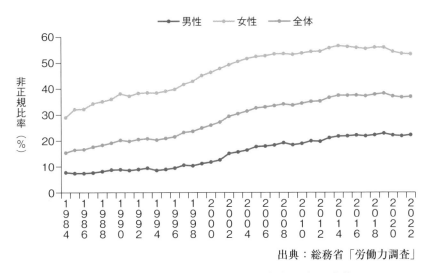

出典：総務省「労働力調査」

図8-1　男女別の非正規雇用労働者比率の変化

　非正規雇用労働者の中には、労働時間が短いパートタイム労働者やアルバイトが多く含まれますので、全体として正規雇用労働者よりも労働時間が短くなる傾向があります。

　このことを踏まえると、第5章で確認した男女の労働時間の差は、実際には従業上の地位の男女差（女性の非正規雇用労働者の多さ）によって生じている可能性があります。

　女性の非正規雇用が多い理由については第7章で説明したので繰り返しませんが、性別が従業上の地位に影響するという因果関係は明白ですから、従業上の地位は媒介変数になります。「性別→従業上の地位→労働時間」という関係ですね。ただし、従業上の地位とは関係なく、性別が労働時間に直接影響する可能性も考えられます。性別、従業上の地位、労働時間の関係をまとめると、図8-2のようになります。

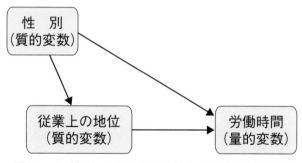

図8−2　性別、従業上の地位と労働時間の関係

　従属変数である労働時間の側からみると、独立変数が2つあることになります。このように、2つの独立変数が労働時間に影響している場合、2つの独立変数を組み合わせて、それぞれのカテゴリーごとに平均値を比較することで、変数の影響を分析することができます。

質的変数の独立変数が複数個ある場合
→それらを組み合わせてカテゴリーごとに
　平均値を比較する

　今回の分析では、従業上の地位は「正規雇用」、「非正規雇用」、「自営」の3カテゴリーで扱うことにしましょう。性別（男性と女性の2カテゴリー）と従業上の地位（3カテゴリー）を組み合わせると、2×3＝6の6カテゴリーの平均値を比較します。
　図8−3は、性別および従業上の地位別に、一週間あたりの平均労働時間をまとめたものです。

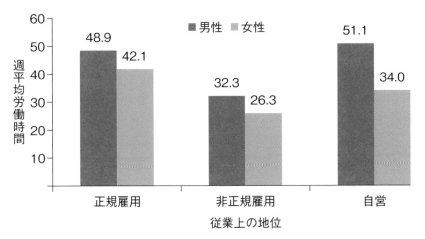

出典：「日本版総合的社会調査」（2006年）より作成
　　：59歳以下の対象者のみ

図8－3　性別および従業上の地位別の平均労働時間

　従業上の地位のカテゴリーすべてで、男性のほうが女性よりも労働時間が長いことがわかります。非正規雇用の労働時間は正規雇用や自営よりも短いですが、同じ非正規雇用の内部でも、女性のほうが男性よりも労働時間が短くなっています。

　この結果から、労働時間には、性別と従業上の地位の両方が影響していると判断することができます。

8-2
独立変数の影響のパターン

　ところで、性別と従業上の地位が労働時間に与える影響については、次のような3つのパターンが考えられます。

(1) 性別のみが影響し、従業上の地位は影響しない。
(2) 従業上の地位のみが影響し、性別は影響しない。
(3) 性別と従業上の地位の両方が影響する。

　(1) の場合、平均労働時間は図8-4のようになります。

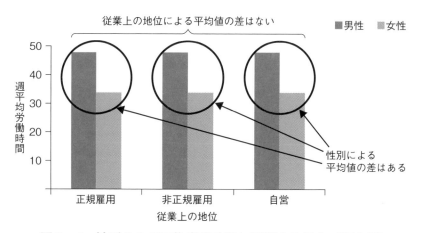

図8-4　性別のみが平均労働時間に影響する場合（架空例）

　従業上の地位のそれぞれのカテゴリーで、男性の平均労働時間は女性のそれより多くなっています。つまり、労働時間は性別によって異なります。その一方で、正規雇用の男性、非正規雇用の男性、自営の男性の労働

時間はすべて同じで、女性についても同様です。つまり、従業上の地位による平均値の差はありません。これが、平均労働時間に対して性別の影響のみがあり、従業上の地位の影響はない状態です。

（2）の場合、平均労働時間は図8－5のようになります。

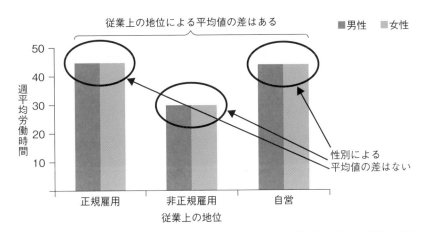

図8－5　従業上の地位のみが平均労働時間に影響する場合（架空例）

平均労働時間は、正規雇用と自営が多く、非正規が少なめです。つまり、従業上の地位によって平均労働時間が異なります。一方、それぞれの従業上の地位のカテゴリーの内部では、性別による労働時間の差はありません。これが、平均労働時間に対して従業上の地位の影響のみがあり、性別の影響がない状態です。

（3）の例は、図8－3です。すでに確認したように、図8－3では、①従業上の地位によって平均労働時間が異なり、②それぞれの従業上の地位の内部で性別による差があります。これらのことから、2つの変数がそれぞれ独立に影響を与えていると判断できます。

このように、**独立変数の組み合わせのどこに平均値の差があるのかを詳**しく調べることによって、独立変数の影響の有無を確認することができます。

8-3
へんそうかんけいすう
偏相関係数

　分析したい変数がすべて量的変数の場合は、**偏相関係数**という統計量を使います。偏相関係数は、ある変数をコントロールした場合の相関係数のことです。たとえば、x、y、zという3つの変数があり、zが第三変数だとします。このとき、xとyの相関係数を計算すると、その値は第三変数であるzの影響をうけたものになっています。xとyの本当の関連の強さを知るためには、**第三変数であるzの影響を取り除いた**上で、相関係数を計算する必要があります。そのために使われるのが、偏相関係数です。

　この説明だけではちょっとわかりにくいと思いますので、具体例を検討しましょう。第6章で、女性の平均余命とレタスの収穫量の関係を検討しました。平均余命とレタス収穫量の相関係数は0.948で、かなり強い相関を示しています。しかし、すでに説明したように、この関連は見かけ上のもので、「日本の経済発展（近代化）」という第三変数によって引き起こされている可能性があります。そこで、日本の経済発展を第三変数とした場合の、平均余命とレタス収穫量の偏相関係数を計算してみましょう。

　「ある国の経済発展」を表す具体的な変数にはどんなものがあるでしょうか。いろいろ考えられるのですが、社会学や経済学では「1人あたりGDP（国内総生産額）」がよく使われますので、今回はこれを使います。図8－6は、日本の1人あたりGDP（2000年を基準とした米ドル換算）の変化をまとめたものです。1960年代以降、1人あたりGDPは一貫して上昇していることがわかります。

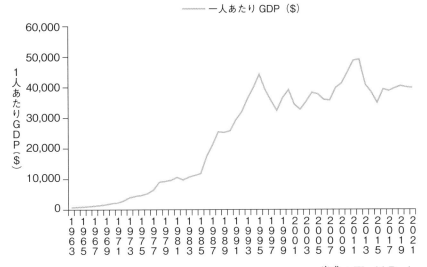

出典：World Bank

図8-6　日本の1人あたりGDPの変化（1963～2021年）

　平均余命とレタスの関連が、1人あたりGDPという第三変数によって引き起こされているなら、その影響を取り除けば平均余命とレタスの収穫量の関連は、第三変数の影響をコントロールしていない状態の相関係数0.948よりも小さくなるはずです。（理想的には0になるはずです。）

　第5章で触れましたが、相関係数はr_{xy}のように表記します。「r」が相関係数を示す記号、添字のxとyは相関関係を調べたい2つの変数です。つまり、r_{xy}は「xとyの相関係数」という意味です。

　偏相関係数は**「zをコントロールしたxとyの相関係数」**という意味で、$r_{xy \cdot z}$という風に表記します。偏相関係数の式は、次のようになります。

z をコントロールした場合の x と y の相関係数 $(r_{xy \cdot z})$

$$= \frac{x \text{ と } y \text{ の相関係数} - (x \text{ と } z \text{ の相関係数} \times y \text{ と } z \text{ の相関係数})}{\sqrt{1 - (x \text{ と } z \text{ の相関係数})^2} \times \sqrt{1 - (y \text{ と } z \text{ の相関係数})^2}}$$

$$= \frac{r_{xy} - r_{xz} r_{yz}}{\sqrt{1 - r_{xz}^2} \sqrt{1 - r_{yz}^2}}$$

うーん、結構ややこしいですね。この式の意味を簡単に説明すると、以下のようになります。

第三変数 z をコントロールしないで、単純に x と y の相関係数を計算した場合、その相関係数の中には、「z の影響によって作り出された相関」と「z の影響を受けていない相関」が混在していると考えられます。そこで前者を除外して後者だけにすれば、「z の影響を取り除いた（コントロールした）x と y の純粋な相関」になるはずです。偏相関係数の式は、このような発想で作られています。

偏相関の定義式の分子の部分は「x と y の相関係数 $-$（x と z の相関係数 $\times y$ と z の相関係数）」となっています。これは「**x と y の相関係数から、第三変数 z によって作り出された相関を除去する**」という意味です。第7章で説明した「第三変数の影響を数学的に取り除く」という方法にあたります。

定義式の分母もややこしいですが、これは「分子の計算結果を、通常の相関係数と同じように -1 から 1 の範囲に調整するためのもの」と理解してもらえれば十分です。以上の計算によって、第三変数 z の影響を取り除いた x と y の相関係数、すなわち偏相関係数を得ることができます。

平均余命、レタス収穫量、そして1人あたりGDPの相関係数は、表8 - 1のようになります。

8

表8−1　平均余命、レタス生産量、1人あたりGDPの相関係数（1963-2021）

	女性平均余命(x)	レタス収穫量(y)	1人あたりGDP(z)
女性平均余命(x)			
レタス収穫量(y)	0.948		
1人あたりGDP(z)	0.945	0.886	

　この数値を、偏相関係数の式に当てはめてみましょう。ここでは、平均余命をx、レタス収穫量をy、1人あたりGDPをzとします。

zをコントロールした場合のxとyの相関係数（$r_{xy \cdot z}$）

$$= \frac{x と y の相関係数 - (x と z の相関係数 \times y と z の相関係数)}{\sqrt{1-(x と z の相関係数)^2} \times \sqrt{1-(y と z の相関係数)^2}}$$

$$= \frac{0.948 - 0.945 \times 0.886}{\sqrt{1-0.945^2}\sqrt{1-0.886^2}} = \frac{0.948-0.837}{0.327 \times 0.464} = \frac{0.111}{0.152} = 0.730$$

　1人あたりGDPをコントロールした平均余命とレタス生産量の偏相関係数は0.730で、1人あたりGDPをコントロールしない場合の相関係数0.948よりも小さくなっています。したがって、平均余命とレタス生産量の関係は、経済発展（1人あたりGDP金額の増加）によって引き起こされた擬似相関の可能性があることがわかります。ただし、平均余命とレタス生産量の偏相関係数は完全に0ではないので、もしかすると平均余命とレタス生産量の間には直接的な関連が存在するのかもしれません。あるいは、1人あたりGDP以外にも、隠れた原因（他の第三変数）が存在するのかもしれません。

　第三変数は1つだけではなく、複数存在する可能性があります。ただし、そうした変数のことを「第四変数」とか「第五変数」とは呼ばず、すべて第三変数と呼びますので注意してください。また偏相関係数の計算では、複数の変数をコントロールすることが可能です。たとえば「第三変数

161

zとaをコントロールした、xとyの相関係数」も計算できます。計算式は複雑になるので省略します。実際の計算は、統計ソフトを使って行いますので、気にしなくても大丈夫です。

なお、偏相関係数と区別するために、通常の相関係数のことを「0次(ぜろじ)の相関係数」と呼ぶ場合があります。0次とは「第三変数のコントロールを行っていない」という意味です。

第7章と第8章で出てきた分析手法と変数の性質の関係をまとめると以下のようになります。

> **ポイント**
> すべて質的変数の場合　→　三重クロス表
> すべて量的変数の場合　→　偏相関係数
> 従属変数が量的変数、独立変数が質的変数の場合
> 　　→　平均値の比較

これ以外のパターンはどうなるのか、疑問に思った人もいるかもしれません。もちろん、そうした場合に対応した分析法もあり、最も基本的な方法である重回帰分析については本書の第14章で解説します。それ以外の方法については本書の範囲を越えますので、説明は省略します[1]。

---

[1] 重回帰分析以外の、より高度な分析法については、数理社会学会（2006）などを参照してください。

8-4
生態学的相関

　最後に、少し難しいかもしれませんが「生態学的相関」という問題について説明しましょう。

　社会を構成する最小単位は個人ですから、社会学におけるデータの最小単位も基本的には個人です。しかし社会学では、個人を単位とするデータの他に、地域や集団を単位とするデータが分析の対象となることも珍しくありません。

　個人を単位とするデータのことを「**個体データ**」、地域や集団を単位として個人の情報を集計したデータのことを「**集計データ**」と呼びます。たとえば、2011年に日本の高校二年生一人ひとりが大学に進学したかどうかの情報は、個体データです。この情報を都道府県単位で集計すると、2011年の都道府県別現役大学進学率という集計データになります[2]。

　集計データは個体データがもとになっていますので、分析すれば同じような結果が得られるはずだと考えたくなります。ところが、**集計データを分析して得られる結果と、個体データを分析して得られる結果が大きく異なる場合**があります。これを「**生態学的相関**」あるいは「**生態学的誤謬**」と呼びます[3]。

　生態学的相関の有名な例が、アメリカにおける人種と非識字率（文字を

2　ただし、都道府県の面積のように個体データと関係のない変数は、地域や集団が単位となっていても集計データとは呼びません。

3　生態学は、英語ではエコロジーといいます。エコロジーというと環境保護をイメージする人も多いかもしれませんが、本来は生物と環境の相互作用を研究する学問を指す言葉です。「生態学的相関」という時の「生態学的」には、「集合的」程度のニュアンスがあると思ってください。

読み書きできない人の比率）の関係です[4]。1930年に行われたアメリカの国勢調査の結果を地区別に集計したところ、各地区の黒人比率と非識字率の間には、図8−7のような関係があることがわかりました。散布図の点が、1つの地区を示しています。

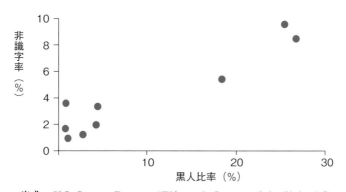

出典：U.S. Census Bureau "Fifteenth Census of the United States 1930"

図8−7　アメリカ（9地区）における黒人比率と非識字率の関係（1930年）

　黒人比率の高い地方ほど、非識字率も高いことがわかります。相関係数は0.952で、きわめて強い相関といえます。この結果だけを見れば「人種と非識字率の関係は非常に強い」と判断したくなります。

　ところが、同じデータを地区単位ではなく個人単位で集計すると、奇妙なことが起こります。表8−2は、アメリカ全国の人種と識字能力の関係を、個人を単位にクロス集計したものです。国勢調査なので当然ですが、すごい人数ですね。

4　詳しくはRobinson（1950）を参照してください。なお、以下の結果はインターネットで公開されている1930年アメリカ国勢調査データ（巻末参照）を筆者が再分析したものです、そのためRobinson（1950）とは数値が若干異なる部分があります。

表8−2　1930年アメリカ国勢調査における人種と識字能力の関係

数値：％（）内の数値は実数

	識字能力あり		識字能力なし		計	
黒人	83.7	(7,778,754)	16.3	(1,513,802)	100.0	(9,292,556)
白人	97.3	(85,573,449)	2.7	(2,407,218)	100.0	(87,980,667)
計	96.0	(93,352,203)	4.0	(3,921,020)	100.0	(97,273,223)

出典：U.S. Census Bureau "Fifteenth Census of the United States 1930"

　確かに、黒人のほうが白人に比べて非識字率が高い傾向はあります。しかし、このクロス表のファイ係数は0.203で、地区別に集計した相関係数0.952に比べると、かなり低い値です。

　このように、同じデータを用いているのに、集計データ（この場合は地区別の比率）で分析した場合と、個体データ（この場合は個人）で分析した場合で結果が大きく異なるのが、生態学的相関です。

　では、個体データの分析結果と、集計データの分析結果のどちらを信頼すべきなのでしょうか。

　結論から言うと、**個体データの結果を信頼すべきです**。なぜなら、集計データは個体データに比べて変数間の関連についての情報が不十分なために、情報の歪みが生じやすいからです。このことが生態学的相関を引き起こす原因となります。

　具体的に説明しましょう。表8−3は9地区の1つ、ニューイングランド地区の個体データから作ったクロス表です。

表8−3　ニューイングランド地区における人種と識字能力の関係

数値：％（）内の数値は実数

	識字能力あり		識字能力なし		計	
黒人	94.5	(71,523)	5.5	(4,187)	100.0	(75,710)
白人	96.4	(6,384,941)	3.6	(240,175)	100.0	(6,625,116)
計	96.4	(6,456,464)	3.6	(244,362)	100.0	(6,700,826)

出典：U.S. Census Bureau "Fifteenth Census of the United States 1930"

表8−2とは異なり、ニューイングランドでは黒人の識字率は高く、人種による非識字率の差はごくわずかです。ファイ係数は0.011で、人種と識字力の関連はほとんどありません。他の地区の結果は示しませんが、地区によって人種と非識字率の関連は異なります。ところが、集計データからは、このような地域ごとの関連の違いを知ることはできません。

　ファイ係数は、クロス表の4つのセルの数値と周辺度数を使って計算します（96ページ）。一方、集計データである黒人比率と非識字率の計算には、クロス表の周辺度数しか使いません。黒人比率は列合計の数値、非識字率は行合計の数値だけで計算できます。

　つまり集計データは、変数の関連の情報（クロス表の「中身」の情報）を欠いています。こうした不十分な情報が積み重なって、情報に歪みが生じることによって、生態学的相関が生じるのです。

　生態学的相関は必ず起こるとは限りません。しかし、集計データを分析する場合は、この問題が生じる可能性に常に配慮することが必要です。

第 **9** 章

そのデータは信頼できますか？
母集団と標本の関係

··

第 9 章 の ポ イ ン ト

☐ 母集団と標本

☐ 無作為抽出

☐ 選択バイアス

☐ 大数の法則

··

第9章の練習問題（解答つき）は、技術評論社ウェブサイトで
ご覧になれます。ぜひご利用ください。

……

 どうしたの？顔色が悪いわよ。お腹こわしたの？

 よ、妖気が……

 はあ？

 とてつもなく危険な妖気が漂っているんだ。これはやばい……

 ふふふ。ようこそ、暗黒世界の入口へ！

 もう、先生まで何を言ってるんですか。これはまじめな統計学の教科書ですよ。いい歳して中二病ですか？

 だから君たちは、統計学の暗黒世界の入口にたどり着いたんだよ。ここから先は、数多の者が傷つき、倒れ、失意のうちに消えていく恐怖と絶望の魔境。「推測統計学」という名の地獄が待っているのだよ。おい地獄さ行ぐんだで！

 いやだー、カムサツカ体操はもういやだー。

 今度は2人で蟹工船ごっこですか？何やってんだか……

 いや、ここから先はちょっと難しくなるから、気分を盛り上げようかとね。

はいはい。それで推測統計学ってどういうものなんですか。

 キーワードは「母集団」と「標本」だね。

 母集団？ママさんコーラスとかPTAのこと？

 簡単に言えば「母集団」は全体、「標本」は部分のことだよ。標本という部分のデータから、母集団という全体の姿がどうなっているかを調べるのが、推測統計学なんだ。

 なるほど。で、どこが難しいんですか。

 推測統計学のベースは確率論なんだけど、これがちょっとややこしくてね。文系の人は苦労するみたいだね。

 じゃあ、もう諦めます。

 あんたねえ……

 第9章が母集団と標本の関係、第10章が推測統計学の「推定」、第11章が推測統計学の「統計的検定」と、3章にわたって説明していくけど、特に10章と11章が難しいかもね。
でも推測統計学を完璧に理解するのは本当に大変だから、無理する必要はない。わからないところは「こういうお約束なんだ」って流してもいいと思うよ。

9-1
母集団と標本

1 母集団と標本

　社会の最小単位は個人です。社会は、個人が集まることによって成立します。社会学の研究対象である社会現象もまた、個人の行為が積み重なることによって作り出されます。したがって社会学では、個人の状態・行動・考え方などを調査しデータ化したものを分析します。

　社会が個人によって構成されている以上、社会のことを詳しく、かつ幅広く知りたいと思ったら、なるべく多くの人を調査する必要があります。たとえば、マスメディアはよく内閣支持率を調べて公表します。現在の日本の内閣を支持するかどうかは、日本のすべての有権者（すべての日本人でもいいかもしれませんが）に関わる問題ですから、有権者全員に質問を行って支持率を計算すれば、それが最も正確で信頼できる結果と言えそうです。

　調査対象の人数が少なければ、全員を調べることはそれほど難しくありません。しかし、人数が多くなればなるほど、調査のコストと手間も膨大になります。たとえば5年に一度行われる国勢調査は、日本国内に住むすべての人と世帯を対象とする調査です。2020年に行われた国勢調査の場合、経費として約729億円が計上され、調査員の数は約61万人にのぼりま

1　予算の出典は総務省「令和2年度総務省所轄予算概算要求の概要」、調査員数の出典は総務省統計局「令和2年国勢調査実施状況（実査編）」。
　なお、2020年国勢調査の調査員は70万人を予定していましたが、新型コロナウイルス感染症の影響で縮小されました。

した[1]。

　こんな大規模な調査を簡単に実施できるはずはありませんね。そのため、人数の多い集団を調査する場合は、その集団に属する全員ではなく、その一部を対象として調査を行うのが一般的です。調査の対象となる集団全体のことを「**母集団**」、母集団の中から選ばれた調査対象のことを「**標本**」と呼びます。

2 標本だけで大丈夫？

　母集団から選ばれた標本を対象とする調査のことを「**標本調査**」、母集団に含まれるすべての人を対象とする調査のことを「**全数調査**」と呼びます[2]。マスメディアが行う世論調査は、基本的に標本調査です。世論調査の場合、2000人前後の標本を調査することが多いようです。

　日本の人口は2023年時点で約1億2452万人、同年の国内在住の有権者数は約1億463万人でした[3]。その中から2000人（有権者の0.002%にすぎません）を選んで調査して、はたして正しい結果が得られるのでしょうか。たとえば、2000人を調査して得られた内閣支持率は、日本の有権者全員の内閣支持率と一致すると考えていいのでしょうか。

　結論から言うと、大丈夫です。ただし、1つ重要な条件がつきます。それは「**母集団から標本を選ぶ方法が適切であること**」です。

　母集団から標本を選びだすことを「**標本抽出**」あるいは「**サンプリング**」と呼びます。標本抽出が適切に行われていれば、標本データは母集団の正確な縮図となり、標本の性質（標本の平均値、比率、変数間の関連な

2　全数調査は「悉皆調査（しっかいちょうさ）」と呼ぶ場合もあります。
3　人口の出典は総務省統計局「人口推計（令和5年7月確定値）」、有権者数の出典は総務省「令和5年9月1日現在選挙人名簿及び在外選挙人名簿登録者数」。

ど）から、母集団の性質を予測することが可能になります。

　ただし、標本が常に母集団と同じ性質を示すとは限りません。標本の選び方が適切でも、偶然に生じる間違いの可能性が必ず存在します。標本データから得られた結果がどの程度信頼できるのかを、確率的に判断する方法が「推測統計学」です。推測統計学については、第10章と第11章で詳しく説明します。

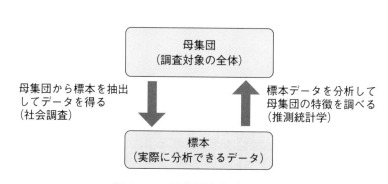

図9−1　母集団と標本の関係

3 「標本の大きさ」と「標本数」

　標本については、「標本の大きさ」（サンプルサイズ）と「標本数」（サンプル数）という、混同しやすい2つの概念があります。統計学では、これらの違いをきちんと理解することが大切です。

　まず押さえておきたいのは、統計学における「標本」は集合的な概念だということです。たとえば母集団から1000人を無作為抽出して調査を実施した場合、選ばれた対象者1000人をまとめて1つの標本とみなします。

　対象をまとめて1つの標本とみなすのであれば、ケースの数（たとえば、「対象者1000人」とか「対象となる学校100校」など）を示す別の呼び方が必要になります。それが「標本の大きさ（サンプルサイズ）」です。

　標本の大きさとは、標本を構成する要素（ケース）がいくつあるかを示

す概念です。標本として1000人を調査対象に選んだのなら標本の大きさは1000、2000人を選んだのなら標本の大きさは2000になります。

実は第8章までの説明の中で「ケース数」と呼んでいたものが、標本の大きさに他なりません。第8章までは母集団と標本の関係を説明していなかったので「ケース数」という言葉を使いました。これ以降は母集団と標本の関係が話の中心になるので、「ケース数」ではなく「標本の大きさ」を使います。

標本の大きさと似て非なる概念が「標本数」です。標本数とは、標本それ自体の数のことです。たとえば、母集団から標本を3つ（3回）取り出せば、標本数は3です。多くの場合、社会調査では母集団から標本を1回しか取り出しませんが、研究分野によっては、母集団から標本を何度も取り出すことは決して珍しくありません。というより、それが当たり前です（このことについては、第10章で改めて説明します）。

以上の説明ではわかりにくいので、以下の例をもとに説明しましょう。

> 大阪の人と東京の人がお互いのことをどう思っているのかを調べるため、読目新聞社は大阪府と東京都の成人を対象とする世論調査を実施しました。回答者数は、大阪府調査が1,728人、東京都調査が1,190人でした。

この場合、大阪府民と東京都民という2つの母集団からそれぞれ1つ標本を抽出しているので、大阪府民の標本数は1、東京都民の標本数も1、標本数は合わせて2です。標本の大きさは、それぞれの調査の回答者数です。つまり、大阪府調査の標本の大きさは1,728、東京都調査の標本の大きさは1,190となります。

標本数と標本の大きさの区別は少し難しいかもしれませんが、統計学を学ぶ上で大切なので、きちんと理解してください。

4 標本を正しく選ぶには

　母集団の適切な縮図になるように標本を抽出するためには、どうすればいいのでしょうか。そのための基準は2つあります。

① 標本を無作為に抽出する

　第一の基準は「標本を無作為に抽出する」ことです。統計学における**無作為**（ランダム）とは「確率が均等である」という意味です。したがって、標本を無作為に抽出することは、「母集団から選ばれる確率が等しくなるように、標本を選ぶ」ことになります。

　たとえば人口10万人の市を母集団とし、無作為に2000人の標本を選びたいとします。この場合、10万本のうち2000本が「当たり」のくじを作って市民全員にくじを引いてもらい、当たりの人を調査対象とすれば、調査対象を無作為に抽出したことになります[4]。なぜなら、くじが当たる確率は、全ての人にとって等しいからです。（もちろん、くじ引きが公正に行われることが前提ですが。）

　標本が無作為に抽出されない場合、標本には何らかの**偏り**（バイアス）が発生します。偏りのある標本は母集団の縮図とならず、母集団とは異なる傾向を示す場合があります。この問題については、次の節で詳しく説明します。

② 標本の大きさを大きくする

　第二の基準は「標本の大きさを大きくすること（サンプルサイズを大きくすること、あるいはケース数を多くすること）」です。これによって

4　ただし、この方法を現実に行うことは困難です。実際の社会調査で無作為抽出を行う方法については、盛山（2004）、轟・杉野・平沢（2021）などの社会調査法のテキストを参照してください。

データの精度を上げ、偶然に発生する間違いや誤差を抑えることができます。ただし、無作為に抽出するという第一の基準がおろそかだと、いくら標本の大きさを大きくしても意味がありません。標本の大きさとデータの精度の関係については、第10章で説明します。

　母集団から標本を無作為に抽出することは、スープの味見と似ています。スープを味見するときは、スープをよくかき混ぜてから味見をします。調味料が十分に溶けていなかったり、具材が鍋の底に沈んだままでは、スープ本来の味がわからないからです。逆に言えば、スープを十分にかき混ぜれば、わずかな量を口にするだけで、本来の味を知ることができます。スープがよく混ざった状態とは、調味料や具材が偏りなく均等に混ざった状態です。それを味見することは、スープという母集団から、標本を無作為に抽出することに他なりません。また、味見する時に、ごく少量を味見するよりは、ある程度量をとった方が、味がよくわかりますね。

9-2
偏った標本の危険性

1 1936年のアメリカ大統領選挙予測

「母集団から標本を無作為に抽出する」という原則が守られないと、いくら標本の大きさを大きくしても無駄になります。このことを示す有名な例が、1936年に行われたアメリカ大統領選挙の予測調査です[5]。

1936年のアメリカ大統領選は、共和党のランドン候補と民主党のルーズベルト候補の対決となりました。当時の有力な週刊誌『リテラリー・ダイジェスト』は、約240万人の標本をもとに選挙予測を行い、ランドンの勝利を予想しました。一方、世論調査会社ギャラップは、約5万人の標本をもとにルーズベルトの勝利を予想しました。実際の選挙は、ルーズベルトの勝利に終わります。

標本の大きさが大きいほうが正確なデータが得られそうなのに、このような結果になったのはなぜでしょうか。その理由は、『リテラリー・ダイジェスト』の標本の選び方が、無作為抽出の原理からほど遠いものだったからです。そのためデータに偏りが存在し、間違った予測につながりました。標本の選び方が適切でないために生じるデータの偏りのことを、「選択バイアス」と呼びます。

『リテラリー・ダイジェスト』は自誌の購読者や電話帳などをもとに標

---

5 このエピソードはあまりにも有名なために、説明に過度の単純化や事実誤認が含まれることも珍しくありません（たとえば「ギャラップ社は、わずか3000の標本で正確な予測をした」等）。『リテラリー・ダイジェスト』とギャラップ社が行った調査については、盛山和夫『社会調査法入門』（有斐閣　2004年：122 ～ 123 ページ）に詳しい解説があります。

本を抽出しました。これらに含まれる人々は、経済的に豊かな層に偏っていました。伝統的に、共和党を支持するのは経済的に裕福な層です。そのため、共和党のランドン候補が実際よりも多く支持される結果になったのです。

逆に標本抽出の方法が適切であれば、標本の大きさがそれほど大きくなくても正確な結果を得ることができます。ギャラップは「割当法」と呼ばれる当時最新の標本抽出法で調査を行いました。割当法は無作為抽出ではありませんが、正しく使えば無作為抽出に近い標本を得ることができます。ギャラップの成功の理由は、標本抽出法の適切さにあったわけです。

そのギャラップですが、1948年の大統領選挙では、予測を外してしまいます。このときにギャラップが用いた標本抽出法は、割当法でした。この失敗以降、割当法よりも無作為抽出のほうが優れていることが広く知られるようになり、現在では無作為抽出が標本抽出法の標準となっています。

2 選択バイアスと因果推論

標本の偏りは、データの歪みをもたらすだけでなく、因果関係の推測（因果推論）にも悪影響を与える場合があります。

選択バイアスに関する有名な（？）冗談に、「タバコは健康に良い」という話があります。あくまでも架空の話ですが、高齢者の健康状態と喫煙の関係を調べたところ、喫煙する人の平均的な健康状態は、喫煙しない人よりも良好であるという結果が得られました。このことから「タバコは健康に良い」と判断しても良いでしょうか。

それはダメです。なぜなら、これは選択バイアスを反映した結果である可能性が高いからです。

タバコは、健康に対して様々な悪影響を与えます。長期間にわたってタバコを吸い続けていた人は、そうでない人に比べて早く死亡する可能性が

高くなります。すでに亡くなってしまった人たちは、当然のことながら調査対象にはなりません。したがって、「タバコで健康を害した人が調査対象に選ばれにくくなる」という選択バイアスが発生します。

この点を見逃すと、調査の結果から「タバコは健康によい」という誤った結論に達しかねません。タバコを吸っている元気な高齢者は、タバコのおかげで健康になったのではなく「タバコを吸い続けても健康でいられるほど、もとから体の丈夫な人だった」というのが、本当のところかもしれないのです。

このように、選択バイアスは因果関係の判断を誤らせる危険性を有しています。この点からも、母集団から標本を正しく選ぶことは大切なのです。

3 ケースはどれくらい必要？―大数の法則

先ほど説明したように、一般的な世論調査は2000人前後のケース（対象者）を対象に調査を行います。調査対象者の人数すなわち標本の大きさは、調査の目的や予算、用意できる人員などによって様々ですが、大規模な標本調査では対象者数が10万人を超える場合があります。

それにしても、なぜそんなにも多くのケースを集めないといけないのでしょうか。無作為抽出で正確なデータが得られるというのなら、50人くらいのデータを集めれば十分じゃないの？と考える人もいるかもしれません。しかし、標本の大きさはなるべく大きいほうが良いのです。この章の最後に、その理由を考えていきましょう。

皆さんも、サイコロを振ったことがあると思います。出る可能性の目は、奇数（1、3、5）と偶数（2、4、6）でちょうど半々です。すなわち、奇数と偶数の出る確率は等しく、どちらも50％です。

しかし、実際に10回同時にサイコロを振ってみても、奇数と偶数の出方はなかなか半々にはならないでしょう。50％というのが正しければ、奇

数と偶数が、それぞれ5個ずつ出るはずです。もちろんその通りの結果になることもあるかもしれませんが、そうはならない場合も多いはずです。

このようなサイコロ振り実験を、サイコロの個数を増やしながら何度もやってみて、結果をまとめたものが図9－2です。この図からは、同時に振るサイコロの個数が多いほうが、奇数と偶数が半々に近い結果を得やすいことがわかります。私たちは、奇数と偶数の出現比率はどちらも50%になることが、本来の正しい結果であることを知っています。つまり、データ（ここではサイコロ）が多いほど、真の結果を得やすいわけです。

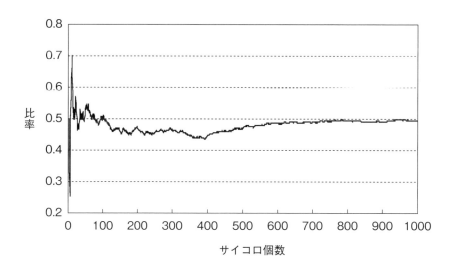

図9－2　サイコロ投げの個数と奇数の出る比率

ここでサイコロ振り実験で観察された結果を標本、奇数と偶数が半々になるはずという真の結果を母集団に置き換えてみましょう。すると、この話は、標本の大きさ（サイコロの個数）を大きくしたことで、母集団の比率と近い比率が得られた、と解釈できます。このように、より多くのケースから得られた結果ほど、母集団の真の値に近づきやすくなります。この

ことを「**大数の法則**」と呼びます[6]。

　大数の法則は社会調査にもそのまま当てはまります。つまり、回答者の人数が多くなったほうが、より正確な結果を得やすくなるのです。したがって、標本の大きさは大きいほうがいいということになります。もちろん現実の調査には予算や人員など様々な制約があり、標本の大きさを大きくすることは容易ではないのですが。

　標本の大きさを大きくすることで、どれくらい誤差が減少するかを表9－1に示しました。

表9－1　サンプルサイズと比率の誤差の関係

ケース数	10	50	100	500	1000	2000	10000
誤差（％）	±31.0	±13.9	±9.8	±4.4	±3.1	±2.2	±1.0

注：標本比率が50％の場合の誤差（信頼度95％）

　ただし、注意しなければならない点が2つあります。1つは、アメリカ大統領選の例で説明したように、標本抽出の方法が間違っていては、いくら標本の大きさを大きくしても意味がないということです。

　もう1つ重要なのは、調査の回収率（回答率）です。社会調査では、調査対象になった人が必ず調査に協力してくれるとは限りません。様々な理由から調査に協力できない人、協力してくれない人が発生します。調査対象として選ばれた標本のことを「**計画標本**」、実際に標本から得られた回答を「**有効回答**」と呼びます。社会調査データにおける標本の大きさは、有効回答数のことに他なりません。有効回答の数を計画標本の数で割った数値が、調査の「**回収率**」です。回収率が低いと、様々なバイアスが発生する可能性が高くなり、データの信頼性が低下します。したがって、回収率を可能なかぎり高くすることが非常に重要です。

6　もう少し詳しく説明すると、「標本の大きさが無限大に近づくにつれて、標本平均と母平均との食い違いが0に近づいていく」となります。「法則」という名称ではありますが、実際には数学的な定理です。

第 10 章

部分から全体を知る（1）
推測統計学の基礎と統計的推定

··

第 10 章のポイント

□ 点推定

□ 区間推定

□ 正規分布

□ 中心極限定理

··

第10章の練習問題（解答つき）は、技術評論社ウェブサイトでご覧になれます。ぜひご利用ください。

10-1
推測統計学とは

　統計学は、**記述統計学**と**推測統計学**の2つに分類できます[1]。記述統計学とは、読んで字のごとく、得られたデータにみられる特徴を記述するための統計学です。平均値や分散を計算したり、相関を求めたりすることがその具体的な内容です。

　他方、推測統計学とは、標本データの分析結果から、母集団の特徴を推し測るための統計学です。社会学では多くの場合、標本を調査して得られたデータを分析します。しかし、私たちが最終的に知りたいのは、標本ではなく母集団の特徴です。たとえば、世論調査で内閣支持を質問する場合、本当に知りたいのは、標本における支持率ではなく、母集団（日本の有権者全員）における支持率です。残念ながら母集団そのものを調べることは難しいので、標本から得られた情報にもとづいて、母集団の特徴がどうなっているかを推測します。**限られた標本の分析によって母集団の特徴を知ること、これが推測統計学の目的です。**

　推測統計学でも標本の平均値や相関係数など様々な統計量を求めますが、それは母集団における「**真の値**」（真の平均値、真の相関係数、等）を知るための手がかりとして扱われます。推測統計学では、分析の関心はあくまで母集団にあります。

　このような推測統計学の考え方を活かすには条件があります。それは、母集団がしっかり定義されており、その母集団から標本が無作為に抽出されていることです。無作為抽出については第9章で説明しましたが、これは推測統計学が成立するための大前提です。標本が母集団から無作為抽出されていないと、母集団についての推測が正確なものになりません。

1　後者は「**推計学**」と呼ぶ場合もあります。

10-2
母数と標本統計量

　推測統計学の目的は、母集団の特徴を知ることです。ここで重要なのは、母集団の特徴がわかれば十分で、母集団のすべてを把握する必要はないということです。

　母集団を特徴づける統計量のことを、「**母数**（ぼすう）」または「**パラメータ**」といいます。母数は統計量に対応して、数多くあります。母集団における平均値のことを「**母平均**（ぼへいきん）」、母集団における比率のことを「**母比率**（ぼひりつ）」……というように、統計量の前に「母」をつけるのが原則です。

　標本より計算された統計量のことを、「**標本統計量**」といいます。具体的には、標本平均、標本分散、標本相関係数などがあります。

　「母平均」、「標本平均」などと統計量をいちいち母集団と標本で区別するのは面倒に思えるかもしれません。しかし、これはとても大事なことです。推測統計学では、母集団と標本を区別しつつも、つねにセットで考えます。したがって、単に「平均」とか「分散」だけでは、それが母集団のものなのか標本のものなのか判断できず、議論が混乱してしまいます。これを避けるために、**母数と標本統計量は必ず区別されなければなりません**。

　標本統計量は、たまたま選ばれた標本を用いて計算されたものという点に注意する必要があります。母数は、真の値がただ1つ存在します。これに対し標本統計量は、無作為抽出をやり直せば、その度に違う値が出てきます。ただ、違う値が出るといっても、もとは同じ母集団から抽出してきたわけですから、母数からかけ離れた値が出てくるわけではありません。仮に大きく外れた値が出てくることがあっても、そんなことはわずかな確率でしか起こりえません。この章の最後に、その理由を詳しく説明します。

ところで、「母数」については、間違った使われ方をしばしば見かけます。すでに説明したように、母数の本来の意味は「母集団を特徴づける統計量」です。にもかかわらず「母数」を「母集団の大きさ（母集団の人数)」あるいは「比率を計算する時の分母」の意味で使う人がいます。いずれも正しくありませんので、注意してください。

10-3
推測統計学と確率

　推測統計学の中身は、大きく「**推定**」と「**統計的検定**」に分類できます。推定とは、標本の分析結果から母集団にみられるであろう特徴を予想することです。統計的検定は、「母集団の平均値は50である」とか「2つの集団の間に平均値の差はない」というような予想が正しいかどうかを判断することです。この章では統計的推定について解説し、統計的検定については第11章で扱います。

　ところで、推定や統計的検定を理解するためには、確率についての理解が不可欠です。本書では、本格的に確率の説明をする余裕がないのですが、ここで簡単に説明しておきましょう。

　確率とは、ある出来事（事象）の起こりやすさのことです。たとえば、コインを投げたら、「表が出る」という事象と「裏が出る」という事象は、それぞれ1/2の確率で起こります。確率は0から1までの値をとるので、比率の形でも示されます。コインの裏がでる確率は50％、明日の降水確率は70％、などはおなじみの表現ですね。

　「母集団の平均値は、理論的には95％の確率でこの範囲に含まれる」とか「5％未満でしか起こらないという、めったにないことなので」というように、推測統計学では、確率をもとにさまざまな判断を行います。社会調査で用いられる無作為抽出そのものが、「すべての標本が等しい確率で選ばれる」という確率的な性質をもっています。それゆえに、確率と推測統計学とは切っても切れない関係にあるのです[2]。

2　確率についてやさしく書かれたテキストに、ホーエル（1981）などがあります。

1 一つの値で予想しよう：点推定

推定は2種類あります。1つめは「**点推定**」です。点推定とは、母数をただ1つの値でズバリあてようとする推定のことをいいます。最もよく使われるのは、比率や平均値の点推定です。

比率の点推定の例として、現代日本の20代未婚者における結婚意向をとりあげましょう。結婚についての質問に、「ぜひ結婚したい」または「できれば結婚したい」と回答した者を結婚意向がある者とみなします。

1551人の標本から計算したところ、結婚意向がある者の比率は79.9％でした。では、母集団（日本の20代未婚者全体）における結婚意向がある者の比率は何％でしょうか。**点推定では、標本比率をそのまま母比率の推定値とします。**したがって母比率は79.9％です。はい、これでおしまい。非常にシンプルです。

え、そんなに単純でいいの？　と思われたかもしれません。でも、これでいいのです。同じことは、平均値と分散についても当てはまります。ですから、標本データから得られた比率や平均値や分散を、そのまま母数の推定値として使えるのです。

ただし、分散については、第3章で学んだ通りに求めてしまうと、母集団の推定値になりません。第3章では、分散の式は、$\sum_{i=1}^{n} \frac{(x_i - \bar{x})^2}{N}$ とされていました。これは、得られたデータのちらばりの記述としては、正しいものです。しかし、母分散（母集団における分散）の推定量としては、$\sum_{i=1}^{n} \frac{(x_i - \bar{x})^2}{N-1}$ という式を用います。前者の式で求めた分散のことを「**標本分散**」、後者の式で求めた分散のことを「**不偏分散**」と呼びます[3]。標本分散の式の分母がnなのに対し、不偏分散の式の分母は$N-1$です。標本分散

3　不偏とは、推定量が偏りをもたないことをいいます。不偏性のほか、有効性、一致性などが推定量のよさを表す性質として知られています。詳しくは、ボーンシュテット＆ノーキ（1990）を参照してください。

は母分散よりも少しだけ小さな値となってしまう性質があるので、それを調整するために不偏分散を用います。不偏分散は母分散の推定値になります[4]。

点推定は非常にシンプルで便利ですが、明らかな弱点があります。標本データには誤差が含まれるので、一点で予想してもぴったり当たることが事実上ほとんどないのです。また、誤差がどの程度あるのかもわかりません。そこで、次に述べる区間推定が用いられることになります。

2 幅をもたせて予想しよう：区間推定

推定のもう1つの方法は、「**区間推定**」です。**区間推定とは、推定する値に幅（区間）をもたせ、その中に母数がおさまるように予想するもの**です。

比率の区間推定の例として、再び結婚意向の比率をとりあげましょう。データや質問は先ほどとまったく同じです。

1551人の標本で、結婚意向がある者の比率は0.799（79.9％）でした。したがって、母比率の点推定値も0.799です。

区間推定を行うにあたっては、予想した幅の中に本当に母比率が入っている確率をどの程度にするか、自分で先に決めておく必要があります。区間推定が的中する可能性のことを「**信頼度**」と呼びます。信頼度は、慣習的に90％、95％、99％のいずれかを用いることがほとんどです。

ここでは、20代未婚者の結婚意向の比率の区間推定を、95％の信頼度で行ってみましょう。答えを先に示すと、区間の下限の値（最小値）が0.779、区間の上限の値（最大値）が0.819、となります。このように、区間推定で求められる区間のことを「**信頼区間**」と呼びます。今回の標本の

---

4 なぜ N-1 で割ると、分散が母分散の推定値になるのかについては、森・吉田（1990）を参照してください。

分析から、結婚意向の95％信頼区間は、0.779〜0.819とわかります。

　95％信頼区間の下限と上限の値は、それぞれ、

　　下限の値：「比率の点推定値－1.96×比率の標準誤差」
　　上限の値：「比率の点推定値＋1.96×比率の標準誤差」

で計算できます。先ほどの例では、

　　下限：0.799－1.96×0.01　（＝0.779）
　　上限：0.799＋1.96×0.01　（＝0.819）

になります。

　信頼区間の計算式を見ると、1.96ってどこから出てくる数字？　標準誤差って何？と疑問がわくと思います。それらについて解説していきましょう。

　点推定を行った際に生じる誤差のことを「**標準誤差**」といいます。標準誤差は区間推定だけで使われる特別な言葉ではなく、標本統計量のちらばりは、一般に標準誤差と呼ばれます。標準誤差の特徴は、点推定値の周りに左右対称につくことです。つまり、プラス方向とマイナス方向に、それぞれ同じだけ誤差によるちらばりがみられると考えるのです。したがって、信頼区間を「79.9±2.0％」（あるいは0.799±0.020）と書く場合もあります。

　標準誤差は、次の式で定義されます。

$$標準誤差 = \frac{標準偏差}{\sqrt{標本の大きさ}}$$

　標準偏差のことを忘れてしまった人は、第3章を見直してください。ちなみに、比率の場合には、次の式で簡単に計算できます。

$$比率の標準偏差 = \sqrt{比率 \times (1 - 比率)}$$

部分から全体を知る（1）推測統計学の基礎と統計的推定

　よって今回の例では、標準偏差は0.401（$=\sqrt{0.799 \times (1 - 0.799)}$）、標準誤差は0.01（$= \dfrac{0.401}{\sqrt{1551}}$）になります。

　標準誤差の分母は、標本の大きさのルートをとった値です。このことから、標本の大きさが大きくなったほうが、標準誤差が小さくなることがわかります。標準誤差が小さければ、マイナス方向とプラス方向にくっつく数値が小さくなるので、信頼区間は狭くなります。つまり、同じ信頼度であっても、標本の大きさが大きくなるほど、より精度のよい推定ができるのです。

　さて、区間を決める式のもう一つの謎は、1.96という係数でした。ちなみにこの係数は、信頼度を95%とすると1.96ですが、もし90%にするならば約1.65、99%にすると約2.58へと変わります。これらの係数と信頼度との関係を理解するためには、**標準正規分布**なるものを理解しないといけません。標準正規分布については、この後で改めて説明することにします[5]。

　ここで注意してほしいのは、**信頼度を高く設定するほど、係数が大きくなる**ことです。信頼度が高いということは、設定された区間内に母数がおさまる確率が高いということです。確率を高めるには、範囲を広めにとればよいわけで、そのために係数が大きめになるのです。

　予想をあてるだけなら、信頼度を100%にすれば完璧です。しかし、それは意味がありません。というのも、信頼度100%のときには標準誤差にかかる係数が無限大になるからです。マイナス無限大からプラス無限大までの範囲には、あらゆる値が含まれます。ゆえに予想は外れようがありま

5　厳密には、区間推定で標準正規分布を用いるのは母分散が既知の場合です。母分散が未知の場合はt分布（t値）を用いる必要があり、社会調査データはほとんどの場合こちらに該当します。ただし、標本の大きさが十分に大きい場合、標準正規分布とt分布はほとんど一致して区間推定の結果に差が生じないので、簡便のため標準正規分布で説明しました。

せん。しかし、そんな予想は何の役にも立ちません。「明日の天気は、晴れか曇りか雨か雪でしょう」とあらゆる可能性を列挙すれば天気予報は必ず当りますが、それでは予報として役に立たないのと同じことです。

それよりも「外れる可能性はあるけれど、この値からこの値までの範囲に入るだろう」という予想のほうが、情報として有用です。このような理由から、信頼度を95％とか99％に設定するのです。

ところで「95％信頼区間」の意味は、厳密には「信頼区間の中に95％の確率で母平均が含まれる」ではありません。実際には、信頼区間の中に母平均が含まれているかどうかの確率は半々、すなわち、入っているか、入っていないかで50％ずつとなります。

では信頼区間とは何を意味するかというと「母集団から標本を抽出して95％信頼区間を計算すると、100回中95回は信頼区間の中に母平均が含まれる」というのが正しい意味です。

つまり、信頼区間というのは母集団から標本を何回も取り出すことを前提とした考え方です。「95％の確率で母平均が含まれる」という表現からは、母集団から標本を1回だけ取り出した場合を連想しがちですが、そうではないのです。これは社会調査では起きがちな勘違いです。社会調査では多くの場合、母集団から標本を何度も抽出することはしないからです。

10-4
「確率に基づく判断」
の意味

　前節で「推測統計学では、確率をもとにさまざまな判断を行う」と述べましたが、このことをもう少し詳しく説明しましょう。

　20世紀はじめ頃のイギリスの話です。午後のお茶会の場で、ある婦人が次のように主張しました。「ミルクを先に入れたミルクティーと、紅茶を先に入れたミルクティーは味が違いますわよ。ほほほ。」

　素朴に考えれば、紅茶とミルクが混ざってしまえば、入れる順番は関係なく味は同じになるように思えます。この婦人の主張が正しいかどうかを確かめるために、その場にいた統計学者ロナルド・フィッシャーは、次のような実験を提案しました。「紅茶を先に入れたミルクティー」と「ミルクを先に入れたミルクティー」を何杯か作り、どちらかわからないように婦人に飲んでもらう。婦人がミルクティーの違いをきちんと当てられれば、婦人の主張は正しいと判断できる。

　ここで問題になるのは、ミルクティーを何杯飲んでもらうかです。一杯だけでは、味の違いなどわからずデタラメに答えても偶然に正解する可能性が高いので不適切です。では、「偶然に正解したとはいえない」、言い換えると「偶然の結果ではなく、確かに味の違いが判別できている」と判断できるためには、何杯のミルクティーが必要でしょうか。

　ミルクティーを1杯だけ飲んで判断する場合、でたらめに答えてに正解する確率、すなわち偶然に正解する確率は50%です。杯数を増やしていった場合、偶然に全問正解する確率は次のようになります[6]。

　　　1杯の場合：偶然に正解する確率は50%（$=0.5^1$）

　　　2杯の場合：偶然に全問正解する確率は25%（$=0.5^2$）

　　　3杯の場合：偶然に全問正解する確率は12.5%（$=0.5^3$）

4杯の場合：偶然に全問正解する確率は6.3%（=0.5^4）

5杯の場合：偶然に全問正解する確率は3.1%（=0.5^5）

6杯の場合：偶然に全問正解する確率は1.6%（=0.5^6）

7杯の場合：偶然に全問正解する確率は0.8%（=0.5^7）

　7杯の場合、偶然に全問正解する確率は1%を下回ります。こうなると「味の違いがわかってなくても、でたらめに回答して全て正解する（偶然に全て正解する）」確率はかなり小さくなるので、7杯試飲してすべて正解できるのなら、「味に違いがある」という主張は正しいと信じても良さそうです。

　このように、**「ある結果が偶然に得られる確率」を計算し、その確率が十分に小さければ（一定の基準を下回れば）「偶然の結果とはいえない」と判断するのが「確率に基づく判断」の基本的な意味です。**（ただし、確率にもとづく判断では偶然の結果を完全に除去することはできません。たとえば、100杯試飲したとしても、偶然に正解する確率は0にはなりません。）

6　ここでは話を簡単にするために本文のような説明をしましたが、フィッシャーが実際に使用した方法はこれとは異なります。フィッシャーは「4杯はミルク先、4杯は紅茶先で作った計8杯のミルクティーを、ランダムに出して正解する確率」を求めました。この場合、ミルクティーの出し方の組み合わせは$_8C_4$=70通り、正解はそのうち1通りなので、正解する確率は1÷70×100＝1.4%になります。本文で用いた計算法は「x杯のうちy杯をミルク先にする」といった条件を一切考慮せず、単にミルクティーを当てられるかどうかのみに注目したものになっています。この方法だと「8杯全てミルク先」のような出し方も可能になってしまいますが、これは実験としては不適切なので、フィッシャーの方法で考えるべきでしょう。なお、この有名なエピソードは、Fisher（1935=1971）に記されています。

10-5
推定の理論的背景

　ここからは、推定の具体的なやり方ではなく、「標本平均をそのまま母平均とみなして良いのはなぜか」といった、推定の理論的背景の説明を行います。難しい部分もあるかもしれませんが、そういう場合は、無理に理解しようとせずに流し読みしてもかまいません。統計学とうまくつきあうコツは「難しいところで止まらず、とりあえず流す」ことです。

1 変数の値と確率はどのように結びつくのか：標準正規分布

　正規分布については、第2章で分布の形状のみを簡単に確認しましたが、その性質および確率との対応関係を理解することは、推測統計学を学ぶ上で非常に重要です。この節では、正規分布のなかの一形態である標準正規分布について、その特徴を説明します。

　正規分布の形状は、次の図10-1のようなものです。

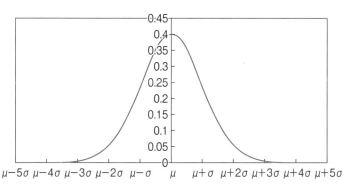

図10-1　正規分布の一般型

この図の見方ですが、タテ軸は「確率密度」と呼ばれるものです。これは特定の数値の出現しやすさを決める数値だと考えてください。ヨコ軸は変数の値の位置を表しています。つまり「変数のそれぞれの値は、どの程度の確率で発生するか」を示しているということです。μ は母平均、σ は母標準偏差を表します。よって、変数の値が平均値をとる確率が最も高いことが、曲線の頂の位置よりわかります。そして、この曲線の右側と左側を比べてみると、きれいな対称形になっていることが理解できるでしょう。正規分布は平均値を中心とした、左右対称の曲線を描くのです。

第3章で説明したように、各ケースの変数の値から平均値を引き、それを標準偏差で割ると、標準得点が求められます。この手続きを標準化といいます。正規分布する変数を標準化すると、平均値0、標準偏差1という形状の正規分布へと変わります。この正規分布のことを「標準正規分布」と呼びます。

標準正規分布を利用すると、変数の値が出現する確率をたちどころに求めることができます。ただし、ある一点の値の出現確率は限りなくゼロに近いために扱いにくいので、「ある値以上をとる確率」とか、「ある値から別のある値までの範囲になる確率」というように、幅を持った形で確率を把握するのが一般的です。

図10-2は、標準正規分布と確率の対応関係をまとめたものです。標準化された変数の値が-1と+1のあいだに入る確率はおよそ0.68（68%）になります。ここでの「1」は標準偏差1つ分のことです。-2と+2のあいだに入る確率はおよそ0.95（95%）です。そして、-3と+3のあいだに入る確率はおよそ0.997（99.7%）です。つまり、変数の値が平均値から離れるほど、その値が出現する確率は低くなるわけです[7]。

7　標準化された変数の値を偏差値に換算すると、「0」が偏差値50、「+1」が60、「+2」が70、「+3」が80に対応します。同様に「-1」は偏差値40、「-2」は30、「-3」は20に対応します。偏差値が90や100（あるいは0や10）のような極端に値の出現確率が非常に低いのは、正規分布に近い分布をするとみなして、偏差値という標準化された位置を示す数値を求めているためです。

　以上は、数値が標準偏差の何倍かにあたるかが決まれば、それに対応する確率がわかるという例でした。それとは逆に、ある確率になるためには、標準偏差の何倍の位置になればよいかを求めることも可能です。平均値を中心にした0.99（99%）の確率となるのは、−2.58と＋2.58で挟まれた区間です。同じく平均値を中心にした（正確に）0.95（95%）の確率となるのは、−1.96と＋1.96で挟まれた区間です。さらに、−1.96よりも小さいあるいは＋1.96よりも大きい値となる確率は、0.05（5%）となります。特定の値で挟まれる区間の内側の確率も、外側の確率も、このように計算できます。

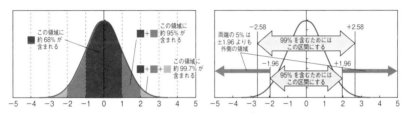

図10−2　標準正規分布と確率の関係

　区間推定では「**95%信頼区間**」などを求めますが、その発想の背景には、ここでみた95%の値がおさまる確率、という考え方があります。また、第11章で説明する統計的検定では「有意水準5%で帰無仮説を棄却する」といった判断を行いますが、この背景にも、両端にある5%の確率にあたる領域は平均値からかけ離れた位置とみなせる、という考え方があります。推測統計学の中核である推定や検定には、標準正規分布と確率の対応関係が利用されているのです。

　なお、より細かく値と標準正規分布における確率を知りたければ、284ページの付録1をみてください。付録1は標準正規分布において、平均0から当該の値zまでの間の確率を求めるための表です。表の左側にある数字は、小数点以下第1位までのzの値です。表の上側の数字は、小数点以下第2位のzの値です。これらの交差点にある数字こそが、0からzまでの

間の確率になります[8]。

2 推定はなぜ可能か：中心極限定理

　点推定では、比率、平均値、分散の3つの標本統計量をそのまま母数と
みなすことができます。それはなぜでしょうか。

　「**中心極限定理**」と呼ばれる定理の性質を利用しているから、というの
がその理由です。中心極限定理とは「標本の規模が十分に大きければ、標
本平均の分布は、平均 μ、分散 σ^2/N の正規分布にしたがう」というもの
です（μ は母平均、σ^2 は母分散、N は標本の大きさです）。

　ここで「標本平均の分布」という表現に違和感を覚える人がいるかもし
れません。社会調査を行って標本から何らかの平均（たとえば平均年齢）
を計算しても、その値は1つしかないので、分布のしようがないからです。

　もっともな疑問ですが、中心極限定理は「母集団から標本を抽出して標
本平均を計算する」という操作を何度も行うことを前提にしています。つ
まり「標本平均の分布」とは、1回目に抽出した標本から得られた標本平
均、2回目に抽出した標本から得られた標本平均、m 回目に抽出した標本
から得られた標本平均、によって作られる分布のことなのです（図10-3）。

　このように何度も標本平均を計算すると、それらの標本平均の平均値は
母集団の平均 μ に限りなく近づき、標本平均の分布は分散 σ^2/N の正規分
布に限りなく近づいていく、というのが中心極限定理です。

　この性質から、標本平均をそのまま母平均とみなす点推定が可能になり
ます。また、区間推定を行う場合の区間も「標本平均の分布」の幅から求
められます。

8　たとえば、0から1.28までの z の値が出現する確率を知りた
　ければ、z=1.2 と z=0.08 の交わる部分の数値を見ます。その
　数値は 0.400 なので、0 から 1.28 までの数値が出現する確率
　は 40.0％ であることがわかります。

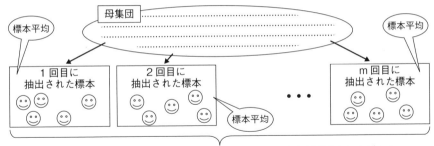

たくさんの標本平均を集めて、分布を見ると以下のような正規分布になります。

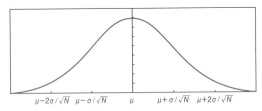

図10-3 「標本平均の分布」のイメージ図

　この定理が素晴らしいのは、分析の対象となる変数が母集団で正規分布をしている場合はもちろん、正規分布をしていない場合にもあてはまることです。社会調査では、注目する変数の値の分布が正規分布にしたがっていないことがしばしばあります。そのような変数でも、標本平均の分布は正規分布にしたがうので推定が可能になります。

　中心極限定理は、比率と分散にも当てはまります。なぜなら、比率と分散は、平均値の仲間だからです。分散が平均値の一種であることは、3-4で説明しました。また、比率は0か1のうちどちらかをとる二値型変数の平均値とみなすことができます[9]。このため、比率と分散も平均値と同じように点推定と区間推定を行うことができるのです。

9　「今の内閣を支持しますか」という質問に5人中2人が「支持する」と回答した場合、このデータの内閣支持率は2÷5=0.4で40%です。ここで「支持する」を1、「支持しない」を0という2つの値に置き換えてその平均値を求めると、(1+1+0+0+0)÷5=0.4となり、比率に一致します。

第11章

部分から全体を知る（2）統計的検定の考え方

....

第11章のポイント

- ☐ 帰無仮説と対立仮説
- ☐ 検定統計量
- ☐ 有意水準と「統計的に有意」の意味
- ☐ 限界値と棄却域
- ☐ 第1種の過誤と第2種の過誤
- ☐ 両側検定と片側検定

....

第11章の練習問題（解答つき）は、技術評論社ウェブサイトでご覧になれます。ぜひご利用ください。

11-1
統計的検定の必要性

　この章では、推測統計学のもう一方の柱である「**統計的検定**」について説明します。統計的検定も、標本から母集団を推し測る手続きであるという点で、統計的推定とよく似ています。しかしながら、違いもあります。統計的推定は、母数について、特に何も予想を立てませんでした。予想をせずに、ただ1つの値で母数をあてにいったり（**点推定**）、区間を定めてだいたいこれくらいの範囲に入るはずだ（**区間推定**）、などの結果を得ていました。これに対して、統計的検定は母集団に関しての何らかの予想を必要とします。そして、その予想の当たり外れを問うことになります。

　ここで「**予想**」とは、次のような形のものが該当します。たとえば、「日本の既婚男性の1日あたり平均家事時間は30分なのか、それよりも長い（短い）のか」、「男性と女性の平均年収は同じなのか、それとも違うのか」、「出身地域の都市規模と大学進学率との間に関連はあるのか、それともないのか」などです。こうした予想のことを、「**仮説**」と呼びます。仮説という言葉そのものは、科学全般に出てくるものですが、この章でいう仮説は、あくまで検定のための統計的な意味での仮説に過ぎないので注意が必要です。

　統計的検定は、母集団に関する仮説の真偽を確率的に判定する方法です。確率論を用いて、仮説の当否を判断する手続きと言い換えてもよいでしょう。単に予想をするだけではなく、それが正しいのか否かを判断するものなのです。

　統計的検定も推定と同様に、標本データでみられた特徴が、母集団においても当てはまるのかどうかを検討します。

　ところで、なぜ統計的検定を行う必要があるのでしょうか。簡単にいえば、仮説の当否の判断を客観的根拠に基づいて行うことが、科学的研究に

おいて重要だからです。ここでの「客観的」とは「やり方をきちんと理解すれば、誰がやっても必ず同じ結果にたどりつける」という意味です。ある仮説が正しいかどうかを判断する方法は数多くあります。コックリさんにお尋ねしてもいいですし、カリスマ占い師に占ってもらってもいいかもしれません。しかし、これらの方法では判断する人によって結果が異なり、どの判断が正しいのかの水かけ論に陥りかねません。そうではなく、皆が共有できるルールにのっとって、やり方さえ間違えなければ誰でも同じ結論に達することができる方法で仮説を検証するのが、科学的研究あるいは統計的検定の精神なのです。そして統計的検定における「客観的根拠」もしくは「皆が共有できるルール」とは、推定の場合と同様、**確率論**です。

　われわれが用いる社会調査のデータの多くは標本抽出されたものですので、分析結果に偶然によって生じるずれ（誤差）が入り込むことが避けられません。データを分析したところ、男女で平均睡眠時間が異なることがわかったとしましょう。このとき、どの程度までの差なら誤差の範囲内にすぎないといえるのでしょうか、あるいは、どれくらいの差があれば、もはや誤差とはいえないのでしょうか。このように、誤差の大きさを考慮しながら、仮説を正しいとみるべきか否かを検討する必要があります。

11-2
帰無仮説と対立仮説

　統計的検定は、統計学理解のための「難所」の1つです。ここをクリアできるかどうかが、統計学とうまくつきあっていけるかの鍵ともいえるでしょう。なぜ統計的検定が難しいかというと、検定の考え方（「帰無仮説の棄却」のロジック）がとっつきにくく、検定の具体的な方法が数多くあって煩雑だからです。まずここでは、統計的検定の基本的な考え方についてできるだけ丁寧に解説します。

　統計的検定を行う際には、常に2種類の仮説を用います。1つは「**帰無仮説**」です。帰無仮説は、数式ではH_0（帰無仮説は英語ではNull Hypothesisといいます。Nullにはゼロという意味があるので、Hに0を添えます）と表記されます。帰無仮説とは「内閣支持率の母比率は0%である」、「男子の大学入試共通テストの得点の母平均と、女子の共通テストの得点の母平均は同じだ（母平均の差はゼロである）」、「教育を受けた年数と年収には相関がない（母相関係数はゼロである）」というように、母数の値を具体的に指定する仮説です。

　もう1つは「**対立仮説**」です。対立仮説は、数式ではH_1と表記されます（H_1とするのは、H_0と区別するためです）。対立仮説とは、「内閣支持の母比率は0%ではない」、「男子の共通テストの得点の母平均と、女子の共通テストの得点の母平均は同じではない（母平均の差はゼロではない）」、「教育を受けた年数と年収には相関がある（母相関係数はゼロではない）」というように、帰無仮説とは正反対の内容を示す仮説です。これも帰無仮説と同様、母集団の性質に関する仮説です。

　帰無仮説と対立仮説は、常にセットで扱います。これらは、どちらか一方だけで存在できるものではなく、切り離すことのできない関係のものなのです。なぜなら、統計的検定の世界では、対立仮説は帰無仮説の否定が

あってはじめて支持される性質を持っているからです。

　社会学を含め、科学的研究では、何かに違いがあることを主張したいことがほとんどです。新しく開発した薬が従来の薬よりも効き目が大きい（差がある）と主張したい薬学の研究や、ある政策を施行することが経済効果をもたらす（差を作り出す）と主張したい経済学の研究、そして親の地位によって子どもの大学進学の機会に差が見られると主張したい社会学の研究などが、それにあたります。でも残念なことに、統計学では「差がある」ことを直接的に証明することはできません。そうなると、対立仮説だけでは、それが正しいのか間違っているのか、判断できないことになってしまいます。

　なぜ差があることを直接的に証明できないのでしょうか。それは、差がある状態を無数に想定できるからです。差がない（差がゼロである）状態は1つしかありません。しかし差がある状態は、差が0.1の場合、1の場合、－3.3の場合……と無限に想定できます。このため、差があることを直接的に証明するためには、無限に存在する「差がある」状態をすべてチェックしなければなりません。もちろん、それは不可能です。

　そこで、帰無仮説の出番です。統計学では、差があることを直接的に証明できないかわりに、「差がない」とか「0である」というような、状態が1つに定まった仮説ならば、しっかり検討することができます。すなわち、帰無仮説については、統計学的に正しいのか間違っているのかの判断を下すことが可能となります。それゆえ統計的検定では、帰無仮説を直接的な検討の対象とします。「差がある」状態は無限にあるので直接的に証明できないが、「差がない」ことなら証明できるというのが、統計的検定の出発点となるアイディアです。まとめると次のようになります。

　「本当は対立仮説を主張したいのだけど、それを証明する術がないので、帰無仮説を検討しよう。検討の結果、帰無仮説が間違っていると考えられれば、それと正反対の内容である対立仮説が正しいものとみなすようにしよう。」

これが統計的検定の基本的な考え方です[1]。検討の結果次第では、「検討の結果、帰無仮説は間違っていないと考えられるので、対立仮説が正しいとは言い切れないことを認めよう」ということもありえます。

帰無仮説は、例えてみれば「斬られ役」のようなものです。帰無仮説がどうも間違っていそうなので「斬り捨て」られて、その結果、セットの相方である対立仮説のほうが「生き残る」というしくみになっています。

統計学の専門的な言葉でいうと、ここでいう「斬り捨て」を「棄却」に、「生き残る」を「採択」と呼びます。帰無仮説が棄却され対立仮説が採択された、などのように使われます。

となると、統計的検定で対立仮説が採択されることが「良い結果」あるいは「勝ち」であり、帰無仮説が棄却されないことは「悪い結果」あるいは「負け」のように思う人もいるかもしれませんが、それは間違いです。

私たちが統計的検定で知りたいのは、母集団の特徴です。帰無仮説が棄却されてもされなくても、母集団の特徴を明らかにしたという意味で、それは情報として等しい価値を持つのです。

ところで、どれくらいの結果が出れば、帰無仮説を間違っていると考えるのでしょうか。帰無仮説の採否の基準となる確率のことを、「**有意水準**」と呼びます（「**危険率**」と呼ぶ場合もあります）。**有意水準とは、本当は正しい帰無仮説を、誤って棄却する確率を意味します。**この値を小さく抑えて検定をすることで、もはや誤差や偶然のせいとは言い切れない、本質的な差異や関連の発見へとつながります。

多くの場合、有意水準は5%を用います。この5%という数字は統計学の伝統から生まれた慣例で、絶対的な根拠はありません。場合によっては、1%や0.1%などに設定することもあります。有意水準の値は、分析をする人が自由[2]に決めることができます。

1　これは統計学的には厳密な言い方ではないのですが、理解のしやすさを優先しています。
2　自由といっても、50%とか30%とか、大き過ぎる値にすることは許されません。10%よりも大きくすることはまずありません。

11-3
統計的検定の考え方

1 検定はどのように進められるか：統計的検定の手順

それでは、統計的検定の手順について説明しましょう。

ステップ1：帰無仮説の設定

　　　検定の対象となる帰無仮説と対立仮説を設定します。

ステップ2：有意水準の設定

　　　帰無仮説の棄却の基準となる有意水準を設定します。

ステップ3：データの分析と検定統計量の計算

　　　統計的検定は、標本の性質から母集団の性質を推し量る方法です。
　　　帰無仮説が正しいとしたら、標本における分析結果が、母集団でど
　　　の程度起こりうるものなのか、その確率を計算します。そのために
　　　必要になるのが「**検定統計量**」と呼ばれる数値です。これをもとに
　　　確率的な判断を行います。検定統計量については後に扱いますが、
　　　z 値、t 値、カイ2乗値などが代表的なものです。

ステップ4：帰無仮説を棄却するか否かを判定する

　　　「検定統計量の値がある程度以上に大きくなったら、帰無仮説が想
　　　定する状態はめったに起こらないのだから、帰無仮説を斬り捨てて
　　　しまおう」と考えます。帰無仮説を斬り捨てる（棄却する）かどう
　　　かを判断するための基準となる検定統計量の値のことを「**限界値**」

と呼びます（**臨界値**とも呼びます）。限界値は、用いる検定統計量の分布と、設定した有意水準によって決まります。実際の標本データから得られた検定統計量と限界値を比較することで、帰無仮説が正しいのかそうでないのかを判断を行います。

この判断では「どちらともいえない」とか「どちらもあてはまる」というような中途半端な態度は許されません。いさぎよく、どちらか一方に決めなければいけません。

帰無仮説を棄却するかどうかの判断は、以下のように行います。

ｉ．帰無仮説を棄却する場合

得られた検定統計量が限界値を超えている場合、帰無仮説を棄却します。

母集団において帰無仮説が想定する状態が成立している場合、標本データから得られた検定統計量は0かそれに近い値になると予想できます。逆に、検定統計量の値が大きくなるほど（0から離れるほど）、帰無仮説の想定する状態が成立する確率は小さくなります。これは全ての検定統計量に共通の性質です。

標本データから得られた検定統計量が一定の基準（限界値）より大きい場合、帰無仮説が想定する状態が成立する確率はかなり小さいと判断できます。この時、（1）帰無仮説が間違っていた、（2）データが間違っていた（帰無仮説は正しいのに標本がたまたま偏っていた）、の2つの可能性が考えられるのですが、帰無仮説とデータ、どちらを優先すべきでしょうか。

統計的検定では、データを優先します。私たちが実際に分析することができるのは標本データだけですから、帰無仮説という理屈よりも、目の前にあるデータを信頼するわけです。その意味で、統計的検定は現場主義的です。

データを優先して考えると、**帰無仮説が想定する状態が生じる確率が小さいのは、もともとの帰無仮説が間違っていたからだ、ということになり**

ます。すなわち、帰無仮説は否定されるべきものとなり、棄却されます。その結果、対立仮説が生き残り、その主張を支持する立場をとります。

ⅱ．帰無仮説を棄却できない場合

得られた検定統計量が限界値を超えなければ、標本データから観察された結果が生じる確率は、さほど小さいとはいえないと考えます。この場合、この結果は「偶然の結果」「よくあること」の範囲内の出来事に過ぎず、帰無仮説が間違っていると断言できません。よって、帰無仮説は否定されないので、棄却できません。帰無仮説が棄却されない以上、対立仮説は支持されないという立場をとります。

ここで注意が必要なのは、仮に以上のように話が展開しても、それは「帰無仮説が正しいことを証明した」ことにはならないということです。あくまで、「帰無仮説が間違っているとはいえない」という二重否定の形をとります。統計的検定は、仮説の証明はできず、反証をすることしかできません[3]。そのために、棄却しようとして立てた帰無仮説を棄却できなかったことをもって、対立仮説を支持することのできない論拠とするのです。

2 統計的有意とは

帰無仮説を棄却したときに、研究論文や報告書などでは、「統計的に有意であった」とか「統計的有意差がみられた」などの表現が使われることがしばしばあります。この統計的有意という言葉ですが、「統計的検定の結果として帰無仮説を棄却するべきだという意味を有する」というくらい

3　簡単に言えば、いくら数多くのカラスを調べても「すべてのカラスは黒い」という仮説を証明することは不可能ですが（次に黒くないカラスが見つかるかもしれないので）、「黒くないカラス」を1羽でも見つければ反証が可能なのと同じ論理です。

にとらえられます。つまり、検定の結果と対応するだけで、それ以上のものではありません。結果が有意義だ、とか、学問的に意味が有ると保証された、などの意味ではないのです（盛山 2004）。あくまで統計的検定という推測統計学的な手続きに限られた話です。

なお、帰無仮説が棄却されないときのことを、「無意」などとは言いませんので、ご注意ください。

3 有意水準と限界値の関係

統計的検定は、仮説の正しさを確率的に判断する方法なので、間違いをする可能性が必ず存在します。標本データには誤差がつきものですから、標本抽出が正しく行われても、偶然の結果として、母集団を正しく反映しない結果が得られる場合があります。

有意水準は、帰無仮説を棄却する際の誤りの確率としてとらえることができます。有意水準を5%に設定することは「誤った判断する危険性を5%未満に抑えるようにラインを引く」ということです。これが有意水準の意味です。有意水準が小さいほど、それだけ誤りの可能性の低い検定をすることになります。

前の節で登場した限界値は、有意水準によって決まります。たとえば、次の節で説明するz値という検定統計量の場合、有意水準が5%なら限界値は1.96、有意水準が1%なら2.58になります。検定統計量にはいろいろな種類がありますので、それに応じて限界値も様々な値をとります。

11-4
統計的検定の実際

　統計的検定には、非常にたくさんの種類があります。ここでは、社会調査でよく用いられる「比率の検定」を例に、統計的検定のやり方を確認しましょう。比率の検定にもいくつか種類があるのですが、今回はもっとも簡単な比率の値が1つの場合の検定を説明します。

　この統計的検定の目的は、母比率が特定の値と等しいのかどうかを調べることです。ここでは、第10章と同様に、日本全国の20代の未婚男女を対象に結婚意向をたずねた社会調査のデータを使用します。

　まず帰無仮説を設定します。未婚者の中にも、結婚したい人もいれば、そうでない人もいるのではないでしょうか。そこで、結婚意向の母比率 π はちょうど0.5（50%）になると予想することにしましょう。この場合、帰無仮説と対立仮説は次のようになります。

　帰無仮説：母集団における結婚意向のある者の比率は50%である。
（H_0：$\pi = 0.5$）
　対立仮説：母集団における結婚意向のある者の比率は50%ではない。
（H_1：$\pi \neq 0.5$）

　次に、標本データから比率を確認します。1551人の標本から計算したところ、結婚意向がある者の標本比率は79.9%でした。帰無仮説が想定する「母比率＝50%」という状態からは、差がありそうに見えます。

　ここで「母比率が50%のとき、標本比率が79.9%になる確率はどれくらいか」を計算します。母集団の比率が50%のときに、標本の比率が79.9%になることはよくあること（偶然に生じる確率が高い）なのでしょうか、それとも、めったにない（偶然に生じる確率が低い）のでしょうか。

今回は、その確率判断の基準、すなわち有意水準を5％とします。比率の検定の場合、確率の計算に正規分布を用いることができます。そこで「z値」と呼ばれる標準正規分布を用いる検定統計量を求めます。z値は以下の式で求められます。結果、z値は23.55となります。

$$z = \frac{標本比率 - 母比率}{母標準偏差 / \sqrt{標本の大きさ}} = \frac{p - \pi}{\sqrt{\pi(1-\pi)} / \sqrt{N}} = \frac{0.799 - 0.5}{\sqrt{0.5 \times 0.5} / \sqrt{1551}} = 23.55$$

　最後に、得られた検定統計量を基準となる限界値と比べ、判定を下します。有意水準を5％としたときのzの限界値は1.96です[4]。標本から得られた23.55というzの値は、これを上回っています。つまり「母集団の比率が50％のときに、標本比率が79.9％になる確率」は5％未満で、めったに起こらない（偶然の結果である確率が低い）ことになります。そこで、「母集団における結婚意向がある者の比率は50％である」という帰無仮説が間違っていたと判断するわけです。

　したがって、帰無仮説は棄却され、対立仮説が支持されます。つまり、母集団における結婚意向のある者の比率は50％とは考えられません。50％を上回るので結婚意向のある人が過半数以上いるといえそうだ、という結論に至ります。

4　このことは、正規分布表（付録1）から確認できます。正規分布表のz=1.9の行とz=0.06の列が交わる部分の数値は、0.475となっています。これは「正規分布において、1.96より大きいzの値が出現する確率は2.5％である」ことを意味します。正規分布は左右対象なので、マイナス方向も同様に考えることができます。すなわち、−1.96より小さいzの値が出現する確率は2.5％です。この2つの確率を足せば5％となります。

11-5
統計的検定の基礎知識

　以下では、統計的検定に関わる重要な基礎知識を説明します。ただし、内容的には難しいかもしれませんので、その場合は無理せず「そういうのもあるのか」程度に記憶にとどめておいてください。

1　間違え方にもタイプがある：
第1種の過誤と第2種の過誤

　統計的検定では、確率に基づいて帰無仮説を棄却するかどうかの判断を行います。すでに説明しましたが、統計的検定に100％正しい判断はあり得ません。有意水準を5％に設定するということは「間違った判断をする確率を5％未満にする」ですが、どんなに有意水準を厳しく（小さく）しても、間違いの可能性を0にはできません。帰無仮説を棄却するにせよ、しないにせよ、その判断には必ず間違いの可能性が存在します。

　統計的検定における「間違い」は、2種類あります。1つは「**第1種の過誤**」と呼ばれます。これは「**帰無仮説が正しいのに、それを否定してしまう**」という間違いです。第1種の過誤の確率は、α と表記されます。実は、有意水準とはこの α のことです。これと対をなすのが「**第2種の過誤**」です。こちらは「**帰無仮説が間違っているのに、正しいと判断してしまう**」という間違いです。第2種の過誤の確率は、β と表記されます。これらの関係を整理すると、表11-1のようになります。

表11－1　第1種の過誤（α）と第2種の過誤（β）の関係

		標本データからの分析に基づく判断	
		帰無仮説を棄却しない	帰無仮説を棄却する
帰無仮説の真偽（母集団の本当の状態）	帰無仮説は正しい	$1-\alpha$	α
	帰無仮説は間違い	β	$1-\beta$

　有意水準は、第1種の過誤の確率にあたります。本当は正しい帰無仮説を、たまたま外れた検定統計量の値が出たために棄却してしまう確率です。

　有意水準が小さいほど、それだけ第1種の誤りの可能性の低い検定をすることになります。誤らないほうがいいに決まっているのだから、有意水準は限りなく小さいほうがいいのではないか、と考えたくなりますが、必ずしもそうとは言えません。なぜなら、第2種の過誤が存在するからです。

　第2種の過誤とは、本当は間違っている帰無仮説を棄却しないタイプの誤りのことでした。これは、第1種の過誤とトレードオフの関係にあり、第1種の過誤の確率（有意水準）を低く抑えると、その逆に第2種の過誤の確率は高くなってしまう傾向があります[5]。有意水準を低くすると、判定基準が厳しいせいで、帰無仮説はなかなか棄却されなくなります。でもそうなると、本来棄却されるべき帰無仮説でも、棄却されなくなってしまうのです。

　相反する性質のあるこれら2つの過誤の確率を、同時に下げる「良薬」はないのでしょうか。実は、1つあります。それは、標本の大きさを大きくすることです[6]。このような理由からも、社会調査データの標本は、十分な大きさであることが望ましいのです。

5　第1種の過誤と第2種の過誤の関係は厳密にはもう少し複雑ですが、このように考えても実用上は問題ありません。
6　詳しい理屈については岡太ほか（1995）を参照してください。

2 値が大きい場合と小さい場合の考え方：両側検定と片側検定

　先ほどの結婚意向の例の場合、「結婚意向のある者の比率は50％ではない」という対立仮説を用いました。当然のことながら「50％ではない」状態には、値が50％より小さい場合と、50％より大きい場合の2つがあります。「50％ではない」という対立仮説は、その両方を視野に入れています。このように、値が帰無仮説より大きい場合と小さい場合の両方を同時に扱う統計的検定のことを「**両側検定**」と呼びます。

　帰無仮説を棄却するか否かは、検定統計量が限界値を超えるかどうかで判断されます。両側検定では、値が大きくて限界値を上回るときと、値が小さくて限界値を下回るときが、それにあたります。図11－1にイメージを示しました。このとき、限界値よりも外側にはずれている領域のことを、**棄却域**と呼びます。棄却域の名は、はずれた領域にあたる値が出現するならば、帰無仮説が誤っていると考え、それを棄却するという判断をすることに由来します。両側検定における棄却域の確率密度は、図の右側、左側それぞれ2.5％ずつで、合わせて5％になっています。つまり両側検定とは、標本分布の右側にも左側にも棄却域が設定されている検定のことをさします。

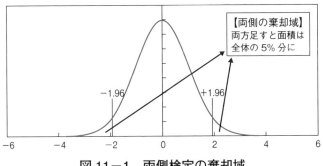

図11－1　両側検定の棄却域

これに対し、帰無仮説よりも値の大きい場合か小さい場合のどちらか一方のみを扱う（標本分布の右側か左側どちらか一方の側のみに棄却域が設定されている）統計的検定のことを「**片側検定**」と呼びます。

　片側検定の場合、対立仮説は以下のようになります。

値が大きい方に注目する場合の対立仮説：
母集団における結婚意向のある者の比率は50％より大きい。
（H₁：$\pi > 0.5$）

値が小さい方に注目する場合の対立仮説：
母集団における結婚意向のある者の比率は50％より小さい。
（H₁：$\pi < 0.5$）

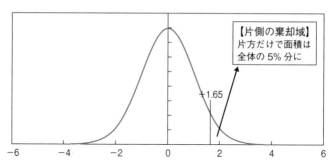

図11-2　片側検定における棄却域（値の大きい方に注目する場合）

　片側検定は、値の大小のどちらか一方のみに関心があるとき、あるいは大小がわかりきっているときに有効な方法です。たとえば、平均寿命（平均点灯時間）が2万時間の蛍光灯を作っている企業があるとします。このとき、実際の平均寿命が2万時間より短ければ「性能を偽っている」と消費者から訴えられかねません。一方で、平均寿命が2万時間よりも長くても、それを非難する人はいないでしょう。したがって、この企業は、蛍光

灯の平均寿命が2万時間よりも短いかどうかのみに注目して、製品のテストを行えばよいことになります。

このような問題関心は、社会学ではそれほど多くありません。したがって、特段の事情がなければ、両側検定を使うのが一般的です。

なお、有意水準が同じであれば、両側検定と片側検定の棄却域の面積は同じになりますが、限界値は変わります。有意水準5%でz値を用いる検定を例に考えてみましょう。両側検定の場合、分布の右側と左型の2つの限界値が存在し、その値は±1.96になります。片側検定の場合、まず右側か左側かどちらか一方だけに限界値を設定します。この場合のzの値は1.65です[7]。

このように、同じ有意水準に設定しても、片側検定のほうが限界値の絶対値が小さくなります。つまり、対立仮説の不等号の向きが決まりきっているときには、片側検定のほうが帰無仮説を棄却しやすくなっています。言い換えると、より「甘い」（有意になりやすい）検定をしていることになるわけです。

7　このことも正規分布表（付録1）から確認できます。正規分布表のz=1.6の行とz=0.05の列が交わる部分の数値は、0.451となっています。これは「正規分布において、1.65より大きいzの値が出現する確率は5%（4.9%）である」ことを意味します。（厳密には、z=1.645の時に確率が5%になるのですが、付録の正規分布表はそこまで細かく対応していないので、四捨五入してz=1.65で5%としておきます。）

第12章

クロス表のカイ2乗検定

・・

第12章のポイント

☐ 期待度数

☐ 観測度数

☐ カイ2乗値

☐ カイ2乗検定

☐ クラメールのV

・・

第12章の練習問題（解答つき）は、技術評論社ウェブサイトで
ご覧になれます。ぜひご利用ください。

推測統計学は難しかったと思うけど、大丈夫だったかな？

 ……

先生、意識が宇宙に行ってる人がいます。

しょうがないなあ。あっ、ゴム人間だ！

えっ、どこどこどこ？　どこにいるの？

……意識が戻ってきたところで、話を続けてください。

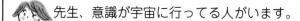 第11章で統計的検定を説明したけど、統計的検定は実際の分析とセットで使う。だから、比率の統計的検定、平均値の統計的検定、クロス表の統計的検定とか、いろいろな種類があるんだ。

えー、面倒くさいなあ。もっと簡単にならないんですか？

ならない（きっぱり）。基本はみんな同じだけどね。まず第12章では、クロス表の統計的検定を説明するよ。ここでは、カイ2乗検定というのを使う。

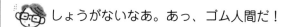 怪事情……ってどんな事情ですか。怪奇現象のことですか？それならぼく、事情通ですけど。

くだらないダジャレを……っていうか、それじゃ「2乗」を

「にじょう」って読む人には意味不明でしょ。0点ね。

 第13章は、平均値と相関係数の統計的検定だね。平均値の統計的検定では、扱う平均値の数によって、検定の方法が異なるんだ。

 平均値の数？

 そう。男女の平均身長を比較する場合は、男性の平均値と女性の平均値の2つがあるよね。血液型別に平均体重を比較する場合は、A型、B型、C型、O型の4つの平均値がある。

 あーなるほど……あれ、なんか変じゃないですか？

 とにかく、平均値の数っていうのは、比較するカテゴリーの数ってことだよ。で、その数によって使う方法が異なる。平均値が1つもしくは2つの場合は「t検定」、平均値が3つ以上の場合は「分散分析」を使う。

 なんで平均値の数によって方法を使い分けるんですか？

 それは、後でのお楽しみということで。さっそく始めようか。

 そうか、血液型はA型、B型、C型、D型の4種類ですよね！

 ……

12-1
クロス集計表の統計的検定

　前章では、統計的検定の考え方を説明しました。クロス表分析が社会学の主要な統計分析法であることはすでに述べたとおりですが、クロス集計表における2変数の関連についても、統計的検定を行うことができます。その際に用いられる検定の方法が、「**カイ2乗検定**」です。「カイ」とはギリシャ文字の χ のことです。

　カイ2乗検定は、クロス表のセルの度数に注目した統計的検定の方法です。理論的に予測されるクロス表の各セルの度数（**期待度数**）と、データから得られた実際のセルの度数（**観測度数**）とのずれを比較し、理論と実際のずれが誤差の範囲内に過ぎないのか、それとも誤差とはいえないほど大きなずれというべきかを判断します。

　特によく使われるのは、「**独立性のカイ2乗検定**」と呼ばれるものです[1]。統計学では、2つの変数の間に関連がないことを、「**2つの変数は統計的に独立である**」と表現します。独立性のカイ2乗検定は「2つの変数の間には関連がない（＝2つの変数は独立である）」という帰無仮説を立て、それから予測される期待度数と、現実にクロス集計表にあらわれた度数とのずれの程度を検討します。もしそのずれが一定の基準を超えるのならば、2つの変数は「関連がない、とは言い難い」わけですから、「関連がある」とみなすことになります。

1　他にも、帰無仮説通りの度数が再現されるかを問う、「**適合度のカイ2乗検定**」などがあります。

12-2
クロス集計表における統計的独立

　統計的に独立、つまり変数の間に関連がない状態とは、具体的にどのような状態のことをさすのでしょうか。「独立変数（行変数）のカテゴリーに関わらず、従属変数（列変数）の比率がまったく同じ」であるときが、統計的独立の状態です。

　表12-1に2つの数値例を示しました。このうち、表Aは、統計的独立です。なぜなら、学歴の各カテゴリーの比率は、男性でも女性でも、同じだからです。表Bのほうは、統計的独立とは必ずしもいえません。どちらかといえば、男性のほうが学歴が高めであることがわかるからです。

表12-1　統計的独立のクロス集計表の例（架空例）

数値：%（　）内は実数

〈表A〉

	大卒以上	高卒以下	計
男性	60.0 (30)	40.0 (20)	100.0 (50)
女性	60.0 (30)	40.0 (20)	100.0 (50)
計	60.0 (60)	40.0 (40)	100.0 (100)

〈表B〉

	大卒以上	高卒以下	計
男性	70.0 (35)	30.0 (15)	100.0 (50)
女性	50.0 (25)	50.0 (25)	100.0 (50)
計	60.0 (60)	40.0 (40)	100.0 (100)

　クロス表が統計的に独立の場合の期待度数は以下の式で求めることができます。

期待度数（g_{ij}）

$$= \frac{\text{行変数の当該カテゴリーの周辺度数} \times \text{列変数の当該カテゴリーの周辺度数}}{\text{総度数}}$$

$$= \frac{f_{i.} \times f_{.j}}{N}$$

　g_{ij}：i行j列目の期待度数

　$f_{i.}$：行iの周辺度数（行iの各セルの観測度数の合計)[2]

　$f_{.j}$：列jの周辺度数（列jの各セルの観測度数の合計）

　N：総度数（標本の大きさ）

　たとえば、1行目の2列目のセルの期待度数（g_{12}）を求めるには、1行目の合計の度数（$f_{i.}$）と2列目の合計の度数（$f_{.j}$）を掛け、総度数（n）で割ります。表12-1で言えば「男性・高卒以下」のセルがそれにあたります。このセルの期待度数は、$(50 \times 40) \div 100 = 20$になり、統計的独立の状態を示した表Aの「男性・高卒以下」のセルの値と一致します。（表Aの他のセルの値も、期待度数の式から得られる値と一致することを確認してみましょう。）

　セル期待度数の式は、簡単に言えば**「周辺度数の比率と合うように、クロス表の各セルに度数を割り振ると、どのような値になるか」**を示しています。クロス表における統計的独立とは、各セルの値に偏り（統計的独立の場合の期待度数からのずれ）がない状態のことです。逆に独立でない状態、すなわち変数の間に関連がある状態では、セルの値に何らかの偏りが生じます。

2　行周辺度数 $f_{i.}$ の右端にある点は、**ドット**と呼びます。これは、周辺のセルなので、列番号 j は必要ないことを意味します。列周辺度数 $f_{.j}$ のドットも同様です。

12-3
カイ2乗検定の方法

1 カイ2乗値の計算のしくみと意味

　カイ2乗検定を行うためには、「**カイ2乗値**」と呼ばれる数値を求める必要があります。前節では、統計的独立のときの期待セル度数の計算方法を説明しましたが、この節では、それを踏まえてカイ2乗値の計算手順を説明します。

　カイ2乗値は、クロス表における期待度数と観測度数の全体的なずれの程度を示す数値です。 基本的に、この値が大きいほど2つの変数の関連が強いことを意味します。これを利用して、2つの変数が統計的に独立であるかどうかの統計的検定を行います。

　カイ2乗値は、次の5ステップで計算します。

ステップ1：各セルの期待度数を計算する。
ステップ2：各セルの観測度数と期待度数の差を計算する。観測度数と期待度数の差のことを「**セル残差**」と呼びます。
ステップ3：各セル残差を2乗する。
ステップ4：セル残差を2乗した数値を、期待度数で割る。
ステップ5：最後に、ステップ4で得られた各セルの数値を合計する。

　以下、計算の例を示しながら、それぞれのステップの意味を解説していきましょう。計算には、表12-2を用います。これは、結婚意向（結婚するかどうかの意思）を男女別に集計したものです[3]。全体的に、女性のほうが結婚意向が強いことがわかります。つまり、性別と結婚意向の間には

関連がある（独立ではない）ようです。この傾向が、標本データだけでなく、母集団についても言えるのかどうかを判断するのが、カイ2乗検定の目的です。

表12-2　性別と結婚意向の関係

数値：%　（　）内は実数

| | 結婚意向 | | | |
	ぜひ 結婚したい	どちらかと いえば 結婚したい	結婚 したくない	計
男性	37.8（424）	37.5（421）	24.7（277）	100.0（1122）
女性	45.4（462）	34.3（349）	20.3（206）	100.0（1017）
計	41.4（886）	36.0（770）	22.6（483）	100.0（2139）

出典：表4-1に同じ

まずステップ1では、各セルの期待度数を求めます（表12-2-1）。

表12-2-1　ステップ1：期待度数の計算

| | 結婚意向 | | | |
	ぜひ結婚したい	どちらかといえば 結婚したい	結婚したくない	計
男性	1122×886÷2139 ＝464.7	1122×770÷2139 ＝403.9	1122×483÷2139 ＝253.4	1122
女性	1017×886÷2139 ＝421.3	1017×770÷2139 ＝366.1	1017×483÷2139 ＝229.6	1017
計	886	770	483	2139

ステップ2では、観測度数と期待度数の差、すなわちセル残差を計算します（表12-2-2）。各セル残差を合計すれば、クロス表全体の観測度数と期待度数のずれの程度を表す数値になりそうですが、残念ながらそうはいきません。残差の正の値と負の値が互いに打ち消し合うので、残差の

合計は必ず0になってしまうからです。

表12−2−2 ステップ2：残差の計算

	結婚意向			
	ぜひ結婚したい	どちらかといえば 結婚したい	結婚したくない	計
男性	$424 - 464.7$ $= -40.7$	$421 - 403.9$ $= 17.1$	$277 - 253.4$ $= 23.6$	1122
女性	$462 - 421.3$ $= 40.7$	$349 - 366.1$ $= -17.1$	$206 - 229.6$ $= -23.6$	1017
計	886	770	483	2139

　そこでステップ3では、各セルの残差を2乗し、残差をすべて正の値に統一します。さらにステップ4では、2乗した残差の値を各セルの期待度数で割ります。これは、残差の大きさを調整するためです（表12−2−3）。

表12−2−3 ステップ3＋4：残差を2乗して期待度数で割る

	結婚意向			
	ぜひ結婚したい	どちらかといえば 結婚したい	結婚したくない	計
男性	$(-40.7)^2 \div 464.7$ $= 3.572$	$(17.1)^2 \div 403.9$ $= 0.724$	$(23.6)^2 \div 253.4$ $= 2.207$	1122
女性	$(40.7)^2 \div 421.3$ $= 3.941$	$(-17.1)^2 \div 366.1$ $= 0.799$	$(-23.6)^2 \div 229.6$ $= 2.435$	1017
計	886	770	483	2139

注：期待度数の表示を小数点以下第1位までに制限しているため計算結果があわないように見えるが、ここでの計算結果はより細かい小数点以下桁数まで用いたものである。

　最後に、ステップ4で得られた各セルの調整された残差を合計します。こうして得られるのが、カイ2乗値です。

表12－2のカイ2乗値＝
3.572+0.724+2.207+3.941+0.799+2.435 = 13.678

以上のように順を追って計算してみると、カイ2乗値がクロス表における期待度数と観測度数の全体的なずれを示すものであることが理解できるでしょう。**カイ2乗値は、統計的独立のとき（期待度数と観測度数が完全に一致するとき）0になり、2つの変数の間の関連が強くなるほど大きな値になるという性質を持っています。**

なお、カイ2乗値の式は以下のようになります。

$$\text{カイ2乗値}\ (x^2) = \sum_{i=1}^{r} \sum_{j=1}^{c} \frac{(f_{ij} - g_{ij})^2}{g_{ij}}$$

i：行の番号（$i = 1,2,\cdots\cdots,r$）
j：列の番号（$j = 1,2,\cdots\cdots,c$）
f_{ij}：i行j列目のセルの観測度数
g_{ij}：i行j列目のセルの期待度数

シグマが二重になっていたり、よくわからない記号が多かったりで、ややこしい式ですね。数学が苦手な人は、この式を見ただけで投げ出したくなるかもしれませんが、順を追って計算すると、さきほどの5つのステップになります。5つのステップは、＋－×÷の計算だけで成立していましたから、カイ2乗値の式は見かけほど難解ではないことがわかるでしょう。

5つのステップと式の対応関係は、以下のようになります。

ステップ1：各セルの期待度数を計算する→g_{ij}

ステップ2：各セルの残差を計算する→$f_{ij} - g_{ij}$

ステップ3：各セルの残差を2乗する→$(f_{ij} - g_{ij})^2$

ステップ4：残差を2乗した数値を、期待度数で割る→$\dfrac{(f_{ij} - g_{ij})^2}{g_{ij}}$

ステップ5：ステップ4で得られた数値を合計する[3]→$\sum_{i=1}^{r}\sum_{j=1}^{c}\dfrac{(f_{ij}-g_{ij})^2}{g_{ij}}$

　カイ2乗値を計算する際に、1つ注意しなければいけないことがあります。あまりに小さい度数のセルがあると、標本から計算されるカイ2乗値の信頼性が低下してしまうのです。「あまりに小さい」の標準的な目安は、期待度数が5未満のときです。そのような場合は、カテゴリーを合併するなどして、度数の小さいセルをなくしてから再分析するほうがよいでしょう。

2 自由度

　カイ2乗値が求められたら、さあ検定……といきたいところですが、少し待ってください。もう1つ、事前に求めておかなくてはならない値があります。それは、「**自由度**」というものです。自由度とは統計的検定の際に必要な情報で「**データの中で自由に変わることのできる数が、いくつ分あるか**」を意味する数値です。ただ、この説明だけでは何のことかわからないでしょうから、例をもとに説明しましょう。

3　Σが2重になってしまうのは、行も列も、両方同時に考慮して合計しようとしているからです。別に難しいことではなく、r行×c列あるセルの全部を対象に、ステップ4で得られた値を合計しているだけのことです。

表12 - 3に、総度数と周辺度数だけが入っているクロス集計表を並べました。表Aは2行2列（2×2）、表Bは2行3列（2×3）の表です。

表12 - 3　自由度計算のためのクロス表サンプル

A　2×2		結婚したい	結婚したくない	計
	男性			60
	女性			40
	計	50	50	100

B　2×3		ぜひ結婚したい	どちらかといえ ば結婚したい	結婚したくない	計
	男性				60
	女性				40
	計	20	30	50	100

ここでクイズです。それぞれの表の空白のセルに数値（度数）をいれて、表を完成させたいとします。セルに入れる数値はあなたが自由に決めてかまいませんが、周辺度数および総度数を変えてはいけません。このとき、あなたが度数を決める必要のあるセルの数は、いくつでしょうか。

まず、表Aの場合を考えましょう。表Aは空白のセルが4つありますから、単純に考えれば4つのセルの度数を決める必要がありそうです。ところが実際には、どれか1つのセルの度数を決めるだけで十分なのです。つまり、正解は1です。

たとえば、左上のセルに10を入れると、残りの3つのセル度数は周辺度数からの引き算で自動的に決まってしまいます。この場合、右上は50（＝60－10）、左下は40（＝50－10）、右下は0（＝50－50または40－40）になります。同じことは、他のセルについてもいえます。今度は右上のセルに25を入れましょう。すると、左上は35、左下は15、右下は25と決ま

ります。つまり、Aのクロス集計表は、4つセルがあるものの、実のところ1つ分しか自由に決められない（変えられない）のです。したがって、自由度は1になります。

表Bのほうは、空白のセルが6つですが、やはり6つ全てを決める必要はありません。この場合は、2つのセルの度数を決めれば十分です。つまり、表Bの自由度は2になります。

一般に、クロス集計表の自由度は、**（行変数のカテゴリー数－1）×（列変数のカテゴリー数－1）** という公式で、簡単に求められます。

3 カイ2乗検定の手順

ここまでで、カイ2乗値と自由度が求め方を学びました。この2つが揃えば、カイ2乗検定を行うことができます。

最初に、カイ2乗検定の手順をまとめておきましょう。

①「2つの変数の間には関連がない（統計的に独立である）」という帰無仮説を立てる。
②「2つの変数の間には関連がある」という対立仮説を立てる。
③カイ2乗検定の有意水準αを設定する。
④カイ2乗値を計算する。
⑤自由度とαから限界値を求め、それと得られたカイ2乗値とを比較検討する。

カイ2乗検定を行うために、巻末のカイ2乗分布表を使います。カイ2乗分布表のタテ方向には、自由度が並んでいます。表12－2の例だと、2×3のクロス集計表でしたから、自由度は2となりますので、「2」の欄を

使用します。ヨコ方向には、α の値が示されています。α とは、有意水準のことです。統計的検定では、通常、有意水準を5%に設定するので、ここでもその慣例に従ってみます。α「.05」の欄を使用します。自由度2の行と、$\alpha = .05$ の列とが交わる箇所に書かれた数字を見てみましょう。5.991と書かれているはずです。これは、自由度2、有意水準5%のカイ2乗検定における限界値です。実際に計算して得られたカイ2乗値が、この限界値を超えていれば、5%水準で有意といえるので、帰無仮説「2つの変数間には関連はない」が棄却され、対立仮説の「2つの変数間に関連がある」が採択されます。

注意が必要なのは、限界値は、自由度や α の値によって変わりうることです。α が同じであれば、自由度が大きくなるにつれ、限界値は大きくなります。クロス集計表の自由度は、セルの数と対応しています。セルの数がたくさんある場合は、それだけ偶然による誤差も大きくなりがちなので、検定の判断基準である限界値が大きめになると考えればよいでしょう。反対に、自由度が同じであれば、α が小さいほど、臨界値は大きくなります。α は有意水準で、検定の厳しさを表しています。すなわち、α が小さいということは、それだけ検定を厳しく（有意になりにくく）していることになり、判断基準となる限界値も大きくなるのです。

ただそのように限界値が変わりうることを知ると、「じゃあ、分析結果が出たら、自分の都合に合わせて α を調整することで限界値を変えて、有意な結果が出たと主張すればいいんじゃないか」と考えてしまうかもしれません。しかし、これは、絶対にやってはいけないことです。カイ2乗検定においても、分析に先立って、α を決めておくのがルールです。事後的に α を変えるようなことは、ましてそうすることで自分の主張を通しやすくすることは、慎まなければなりません。

カイ2乗検定は、社会学における統計分析で必須のツールです。手順と考え方をきちんとマスターしましょう。

12-4
有意水準と関連の大きさ

　カイ2乗検定は、社会調査データの分析において、強力な武器です。質的変数の多い社会調査では、関心のある変数間の関連を裏付けるのに、クロス表を作ってカイ2乗検定をすることが、本当によく行われています。

　そこで気をつけなければいけないのは、**有意水準が小さいほど関連が大きいと考えるのは、誤りであること**です。たとえば、変数の関連を分析したとき、有意水準5％で有意な結果よりも、有意水準0.1％で有意な結果のほうが関連が強いと考える人がいますが、これは間違いです。関連の大きさを証明するのは統計的検定ではなく、相関係数や関連係数などの関連を表す統計量の値です。統計的検定の結果は、分析に用いたケース数に依存しています。基本的に、ケース数が多ければ、関連そのものは微弱であっても、統計的有意な結果が得られやすくなっています。有意というのは、帰無仮説に関する確率的な判断に過ぎないのです。

　そのようなわけで、カイ2乗検定をするだけでなく、関連の大きさをも関連指標でとらえることは重要な分析手続きといえます。次節では、カイ2乗値と密接な関係のある関連指標の「**クラメールのV係数**」を紹介します。

12-5 カイ２乗値に基づく関連係数：クラメールのＶ係数

　カイ２乗値は、２つの変数の間に関連がないとき（統計的に独立のとき）に０になり、関連が強いほど数値が大きくなる性質を持っています。そのため、カイ２乗値を関連係数の一種とみなすこともできます。ただし、カイ２乗値には以下の２つの性質があるので、そのまま関連係数として使うのは不便です。

（1）関連の強さだけでなく、標本の大きさの大小によっても値が変化する。
（2）最大値が一定ではないので、値の大きさから関連の強さを判断しにくい。

　カイ２乗値をもとに、関連係数として使いやすくしたものが「クラメールのＶ係数」です。**クラメールのＶ係数は、質的変数の間の関連をとらえる指標です。**第１章で説明したように、質的変数には順序づけ可能な質的変数と、順序づけできない質的変数がありますが、クラメールのＶ係数はどちらにも使えます。ただし、順序の情報はまったく計算に利用されないので、順序づけられた質的変数であっても、そうでない変数であるかのように処理されます。

　クラメールのＶ係数の式は、次のようになります。

$$V = \sqrt{\frac{x^2}{\{\min(r,c) - 1\} \times N}}$$

χ^2：カイ2乗値

r：行変数のカテゴリー数

c：列変数のカテゴリー数

N：標本の大きさ

　右辺のルートの中身ですが、分子はカイ2乗値そのものです。分母の $\min(r, c)$ は、「行変数のカテゴリー数 (r) と列変数のカテゴリー数 (c) のうち、小さいほうを選ぶ」という意味です。そこから1を引いた数を求め、総度数を掛けます。すると分母の値が出ます。この値は、実は、そのクロス集計表でとりうるカイ2乗値の最大値と一致します。つまり、カイ2乗値を分母の式で割ることによって、最大値が一定ではないカイ2乗値を「最大値＝1」となるように調整しているのです。

　さらに、それの正の平方根をとります。この計算のねらいは、関連の実現率に相当する値を、相関係数と同じ意味をもつ関連係数へと変換することです。正の平方根をとっても、値の最小値と最大値は変わりません。

　この結果、**クラメールのV係数は、最小値＝0から最大値＝1までの範囲におさまります**。0は関連がまったくない状態、1は関連が最も強い状態を表します。クラメールのV係数は、相関係数のように負の値をとりません。つまり、この係数には正の相関や負の相関のような関連の向きの情報が含まれず、関連の大きさのみが反映されます。

　カテゴリー数が3以上になっても、クラメールのV係数は問題なく求められます。ちなみに、2×2のクロス集計表でクラメールのV係数を計算すると、ファイ係数に一致します。

第13章

平均値の差の統計的検定

....

第 13 章 の ポ イ ン ト

☐ t値

☐ t検定（2つの平均値の検定）

☐ F値

☐ 分散分析

....

第13章の練習問題（解答つき）は、技術評論社ウェブサイトでご覧になれます。ぜひご利用ください。

13-1
2つの平均値の差の 統計的検定：t検定

1 2つのグループの平均値に差はあるの？

　2つの平均値の差の統計的検定は、2つのグループの平均値を比較して、グループ間の平均値の差が統計的に有意であるかどうかを判断する方法です。これは、実験データの分析（実験群と対照群という2つのグループの比較）と密接に関連しています。

　しかし、社会学は社会調査によってデータを集めるのが主流です。社会調査データは実験データに比べてコントロールしなければいけない要因が多いため、単純な2つの平均値の差の統計的検定の出番はそれほど多くありません。2つの平均値の差の統計的検定には様々な方法があり、データの特性や実験方法に応じて使い分ける必要があるのですが、この章では、社会調査データでも使用頻度が比較的高い「2つのグループの平均値の差の検定（t検定）」のみを解説します。

　表13－1は、第5章で登場した男女別の平均労働時間です。女性よりも男性の平均労働時間が長いことがわかりますが、この男女差はあくまでも**標本データにおける差**にすぎません。母集団にもこのような差があると言えるかどうかを判断するのが、2つの平均値の差の統計的検定の目的です。

表13−1　一週間の平均労働時間（男女別）（表5−1の再掲）

性別	平均値	標準偏差	度数
男性	48.1	14.1	1144
女性	34.0	14.6	957
合計	41.7	15.9	2101

出典：表5−1に同じ

2 2つの平均値の差の検定

　2つのグループの平均値の差の検定では、「t値」と呼ばれる検定統計量を用いて、確率の判断を行います。「t検定」という名前は、t値に由来します。

　2つの平均値の統計的検定の場合、帰無仮説と対立仮説は以下のようになります。

帰無仮説：2つのグループAとBの平均値は同じである。
対立仮説：2つのグループAとBの平均値は同じではない[1]。

　統計的検定において知りたいのは、標本の平均に差があるかどうかではなく、母集団において差があるかどうかです。 したがって、帰無仮説と対立仮説は、ともに母集団に関するものであることに注意してください[2]。

　2つの平均値の差の統計的検定では、2つの標本平均の差を手がかりに

1　これは両側検定の仮説です。片側検定の場合は「Aの平均値はBの平均値より大きい」もしくは「Aの平均値はBの平均値より小さい」になります。

2　統計的検定では「同じ母集団から抽出された標本の平均値は、すべて等しくなる」と考えます。言い換えると、グループの間で平均値に差がある場合、それらは異なる母集団から得られたものとみなします。

します。もし、グループAとグループBの標本平均の差の値が0に近ければ、2つのグループに差はなく、したがって母集団の間にも差がないと判断できます。逆に、グループAとグループBの標本平均の差が0から離れれば、母集団の間にも差があることが予想されます。

表13-1のデータを用いて統計的検定を行ってみましょう。有意水準は5%とします。

2つの平均値の差の統計的検定の場合のt値は、次の式で求められます。

$$t = \frac{\bar{x}_A - \bar{x}_B}{s\sqrt{\dfrac{1}{N_A} + \dfrac{1}{N_B}}}$$

$$= \frac{\text{グループAの}x\text{の平均値} - \text{グループBの}x\text{の平均値}}{\text{合併した標準偏差}\sqrt{\dfrac{1}{\text{Aの標本の大きさ}} + \dfrac{1}{\text{Bの標本の大きさ}}}}$$

分子は、2つのグループの平均値の差をとっています。分母は、平均値の差を標準化して確率判断を行うためのものです。このようにして得られるt値は、正規分布によく似た形のt分布と呼ばれる分布にしたがいます。

この式で注意が必要なのは、分母にある標準偏差です。表13-1には標準偏差が2つあります。このとき、どちらか一方の標準偏差を使うのではなく、2つの標準偏差を合併して1つにしたものを用いるのが標準的な方法です[3]。

そこで、2つの分散を以下のような式で合体します。こうして得られる分散のことを「**合併分散**」と呼びます。式の中の「合併した標準偏差」

---

[3] これは2つのグループの母分散の大きさが等しい場合の方法です。母分散の大きさが異なる場合は、これとは少し異なる式を使う必要があります。表13-1の分散は、厳密には等しくないのですが、ここでは便宜上、等しいものとして扱います。詳しくは、永田（1996）を参照してください。

は、この合併分散の平方根です。なお、合併分散の計算には、第10章で説明した不偏分散を用います。

$$AとBの合併分散\ s^2 = \frac{\sum(x_{Ai} - \overline{x}_A)^2 + \sum(x_{Bi} - \overline{x}_B)^2}{(N_A - 1) + (N_B - 1)} = \frac{(N_A - 1)s_A^2 + (N_B - 1)s_A^2}{N_A + N_B - 2}$$

※ N_A、N_B はそれぞれの標本数。s_A^2、s_B^2 は、それぞれの不偏分散

表13−1の数値を代入すると、合併分散は以下のようになります。

$$A と B の合併分散\ s^2 = \frac{(N_A - 1)s_A^2 + (N_B - 1)s_B^2}{N_A + N_B - 2}$$
$$= \frac{(1144 - 1) \times 14.1^2 + (957 - 1) \times 14.6^2}{1144 + 957 - 2} = 205.3$$

したがって、合併した標準偏差は $\sqrt{205.3} = 14.3$ です。この標準偏差を用いると、t 値は22.461になります。

この t 値が得られる確率はどの程度なのかを判断するために、巻末の t 分布表を使います。2つの平均値の t 検定の場合、自由度は以下のようになります。

2つの平均値の t 検定の自由度
＝（グループ A の標本の大きさ− 1 ）＋（グループ B の標本の大きさ− 1 ）
＝（グループ A の標本の大きさ＋グループ B の標本の大きさ）− 2

今回の例の場合、自由度は（1144 ＋ 957）− 2 ＝ 2099です。巻末の t 分布表では、120以上の自由度の t 値は掲載されていません。この場合は、一番下にある無限大（∞）の値で判断します。有意水準5%の場合の t 値は1.960で、得られた t 値は22.461で限界値を上回っていますから、帰無仮説

は棄却されます。すなわち、男女の労働時間の差は、統計的に有意であると判断できます。

ところで、t値の計算には、平均値・標準偏差・標本の大きさ（ケース数）が必要です。第5章で「平均値・標準偏差・ケース数は、平均値を比較するときの基本3点セット」だと説明しました。その理由は、これら3つの情報があればt値を計算でき、生のデータがなくても統計的検定を行うことができるからです。このように、知識がある人なら誰でも簡単な分析を行えるだけの情報を提示することは、科学的研究において非常に大切なことです。

3 相関係数の統計的検定

最後に、相関係数の統計的検定について触れておきます。

相関係数の統計的検定の方法はいくつかありますが、よく使われるのはt検定です。相関係数の統計的検定で使うt値の定義式は、平均値の差のt検定の式とは異なりますが（詳細は省略します）、検定の考え方は、第11章で説明した比率の統計的検定とほぼ同じです。

変数xとyの相関係数の統計的検定をする場合、帰無仮説と対立仮説は以下のようになります（両側検定の場合）。

帰無仮説：母集団における変数xとyの相関係数は0である。
対立仮説：母集団における変数xとyの相関係数は0ではない。

第5章の表5−4で取り上げた、年齢、教育年数、個人収入の相関係数の統計的検定を行うと、いずれも有意水準5%で統計的に有意になります。つまり、母集団においても3つの変数の間に相関があると判断できます。なお、偏相関係数の統計的検定も、同様の方法で行うことができます。

13-2
3つ以上の平均値の差の統計的検定：分散分析

1 *t*検定じゃだめ？

表13－2は、第8章で使った従業上の地位別の労働時間のデータです。このように平均値が3つ以上ある場合、統計的検定には*t*検定ではなく「**分散分析**」という方法を使う必要があります。なぜ、*t*検定ではだめなのでしょうか。

表13－2　従業上の地位別労働時間（表8－1の再掲）

	正規雇用	非正規雇用	自営	全体
平均労働時間	46.8	27.2	43.7	41.7
標準偏差	11.9	12.7	21.1	15.9
標本の大きさ	1314	507	279	2100

出典：表5－1に同じ

*t*検定で同時に扱うことのできる平均値の数は、*t*値の式の構造上、2つが限界だからというのが基本的な理由です。しかし、それでは、納得できない人もいるかもしれません。なぜなら、*t*検定を複数回行えば3つ以上の平均値でも分析できるからです。具体的には、（1）正規雇用と非正規雇用、（2）非正規雇用と自営、（3）正規雇用と自営、の*t*検定を行えば、3つの平均値を統計的検定にかけたことになります。

ところが、この方法には大きな欠点があります。間違いの確率が高くなってしまうのです。

第11章で説明したように、統計的検定には間違いを犯す可能性が存在

します。たとえば有意水準を5%に設定するということは、間違いの確率を5%未満に抑え、最低でも95%の確率で正しい判断をすることを意味します。

　ところが、統計的検定を複数回行うと、正しい判断をする確率は95%よりも低くなってしまうのです。上の例の場合、(1) 正規雇用と非正規雇用、(2) 非正規雇用と自営、(3) 正規雇用と自営、の3つの統計的検定の結果が全て正しいことが理想です。ここで、個々の結果が正しい確率を95%（有意水準5%）に設定しても、3つの分析結果がすべて正しい確率は、0.95 × 0.95 × 0.95 = 0.875となります。正しい判断の確率が95%の分析をしたはずなのに、分析を3つ重ねると確率が88%程度に低下してしまうのです。このように、3つ以上の平均値を2つの平均値の差の検定に分解して分析を行うと、全体として間違いの確率が高くなり、分析の信頼性が低下します。これが、3つ以上のカテゴリーをすべて同時に扱う分析法が必要な理由です。

2 分散分析の考え方

　分散分析は、その名のとおり、分散に注目した分析法です。分散分析の目的は、3つ以上のグループの間の平均値に違いがあるかどうかを統計的検定することです。

　分散分析は、t検定と同様に実験との結びつきが強い分析法です。そのため、実験データの分析には非常に便利な反面、社会調査データの分析には少々使いづらい部分があります。このため、社会学で分散分析が活躍する機会は、心理学などに比べると多くありません。

　しかし、出番が少ないのなら知らなくてもよいかというと、そうではありません。平均値の比較はとても重要ですし、分散分析の考え方はより高度な統計的手法（回帰分析や一般線形モデルなど）を学ぶ際の基礎として欠かせないものです。そこでこの本では、分散分析の基本的な考え方を中

心に説明します。

　分散分析では平均値はグループの影響を受けていると考えます。つまり、**平均値が従属変数、グループが独立変数になります。**

　表13-2の例の場合、労働時間の値は、従業上の地位の影響を受けています。もちろん、従業上の地位以外にも、様々な要因が労働時間に影響するでしょう。これらの関係を式にまとめると、以下のようになります。

　　各グループの平均値＝グループの影響＋それ以外の要因の影響

この考え方を分散にあてはめると、次のようになります。

　　従属変数の分散＝グループの効果（影響）によって生じる分散
　　　　　　　　　　＋それ以外の要因によって生じる分散

　たとえば、労働時間の分散が、主に従業上の地位によって作り出されているのであれば、従業上の地位の影響は大きいと言えるでしょう。その場合、労働時間の平均値は従業上の地位によって大きく異なるはずです。

　逆に、従業上の地位によって生じる分散が小さく、労働時間の分散の大部分がそれ以外の要因によって生じるのであれば、従業上の地位の影響は小さいと判断できます。この場合、従業上の地位ごとの労働時間の平均値の違いは小さいはずです。

　このように、**変数の分散の中身に注目して、3つ以上のグループの平均値の差の統計的検定を行う手法が、分散分析です。**

3　分散分析の手順（1）分散を分解する

　まず、分散分析における帰無仮説と対立仮説を確認しましょう。これまでの統計的検定と同様、2つの仮説は母集団の性質を述べたものです。

帰無仮説：すべてのグループの平均値は等しい。

対立仮説：すべてのグループの平均値のうち、少なくとも1つの平均値は
　　　　　等しくない。

　対立仮説の「少なくとも1つの平均値は等しくない」という表現に注意
してください。「3つあるグループの平均値が等しくない」という場合、
私たちは3つの平均値すべてが異なる状態（A ≠ B ≠ C）を想定しがちで
す。しかし実際には、3つの平均値の1つだけが違っている状態（たとえ
ばA = B ≠ C）もあり得ます。そのため「少なくとも1つ」という表現を
用いるのです[4]。

　前節で説明したように、各グループの分散は、グループの効果によって
生じる分散と、それ以外の要因によって生じる分散に分解できます。

　グループの効果による分散のことを「**級間平均平方**」、それ以外の要因
の効果による分散のことを「**級内平均平方**」と呼びます。「**平均平方**」と
いうのは、第10章で説明した不偏分散の別名です。「**級**」はグループを意
味しますので、「**級間平均平方**」がグループ間の分散、「**級内平均平方**」が
グループ内の分散、ということになります。したがって、従属変数yの分
散と2つの平均平方の関係は以下のようになります。

　変数yの分散（yの平均平方）＝級間平均平方＋級内平均平方

4　注2で説明しましたが、グループ間で平均値が異なる場合、そ
　　の平均値は異なる母集団から得られたものと考えます。このこ
　　とを踏まえると、分散分析の厳密な帰無仮説と対立仮説は次の
　　ようになります。帰無仮説「J個の標本平均はすべて同一の母
　　集団から得られたものであり、それらは全て等しい」。対立仮
　　説「標本平均のうち1つあるいはそれ以上のものが、平均の異
　　なる母集団から得られている」。

なお、級間平均平方と級内平均平方は、次の式で求めることができます。ここでは式の意味は理解できなくても問題ありません。級内平均平方の式は Σ が二重になっていたりして複雑ですが、実際の計算はコンピュータを使うので、気にしなくて大丈夫です。

$$級間平均平方 = \frac{\sum_{j=1}^{J} n_j (\overline{Y}_j - \overline{Y})^2}{J-1}$$

$\overline{Y}_j$：それぞれのグループの平均、$\overline{Y}$：全体の平均
n_j：それぞれのグループの標本の大きさ、J：グループの数

$$級内平均平方 = \frac{\sum_{j=1}^{J} \sum_{i=1}^{n_j} (Y_{ij} - \overline{Y}_j)^2}{N-J}$$

Y_{ij}：それぞれの観測値[5]、$\overline{Y}_j$：それぞれのグループの平均
N：標本の大きさ、J：グループの数

4 分散分析の手順（2）分解した分散を比較する

分散分析で検討するのは「平均値はグループによって異なるかどうか」ということでした。これは「従属変数の分散に対するグループの影響がどの程度あるか」を調べることに他なりません。したがって、グループの効果による分散（級間平均平方）と、それ以外の要因の効果による分散（級内平均平方）の比較が重要になります。

5 　添字の j はグループを表す記号、i はこれまで通り個体を表す記号です。たとえば Y_{51} なら「グループ1の5番目のケースの Y の値」、Y_{43} なら「グループ3の4番目のケースの Y の値」を意味します。

たとえば、表13−2の労働時間の全分散が10000だったとしましょう。このとき、式（A）のようになれば、「グループの効果が大きい」（グループが原因となって生じる分散が大きい）と言えそうです。

（A）労働時間の全分散（10000）＝グループの効果による分散（9000）

　　　　　　　　　　　　　　　　　＋それ以外の要因による分散（1000）

　逆に、式（B）のようになれば「グループの効果はまったくない」（グループが原因となって生じる分散は全くない）ということになります。

（B）労働時間の全分散（10000）＝グループの効果による分散（0）

　　　　　　　　　　　　　　　　　＋それ以外の要因による分散（10000）

　したがって、**グループの効果があるかどうかを確認するためには、グループの効果による分散（級間平均平方）と、それ以外の要因による分散（級内平均平方）の大きさを比べればよい**ことになります。2つの平均平方の比をとるのが手軽な方法です。

　級間平均平方と級内平均平方の比のことを、**F値**と呼びます。F値は、次の式で定義されます。

$$F = \frac{級間平均平方}{級内平均平方}$$

　Fは0以上の値をとり、値が大きいほど、**級間平均平方が級内平均平方に比べて大きい**、つまり、グループの影響力が、それ以外の要因の影響力よりも強いことを示します。たとえば、式（A）と式（B）のF値は、（A）が$F = 9{,}000 \div 1{,}000 = 9$、（B）が$F = 0 \div 10{,}000 = 0$になります。

　あとは、このFの値が十分に大きいかどうか（特定のFの値が出現する確率はどのくらいあるか）を調べれば、統計的検定を行うことができます。

　表13-2のデータを分散分析した結果を、表13-3にまとめました。このように、分散分析の結果に関わる情報（平方和、平均平方、F値、自由度）をまとめたものを「**分散分析表**」と呼びます。なお、この表には「**平方和**」というものが出てきますが、これは平均平方の分子の部分のことです。平方和には、全体平方和、級間平方和、級内平方和の3つがあり、「**相関比**」と呼ばれる統計量の計算に必要になります[6]。

表13-3　従業上の地位別労働時間の分散分析表

	平方和	自由度	平均平方	F値
級間	142142.122	2	71071.061	381.366
級内	390794.821	2097	186.359	
全体	532936.942	2099		

　F値の出現確率は、巻末のF分布表から知ることができます。F分布表の使い方は、t分布表と似ています。ただしF分布表はt分布表と異なり、表を見るために必要な自由度が2つになりますので、その分だけ表が複雑です。F分布表の自由度1が級間平均平方の自由度$(J-1)$、自由度2が級内平均平方の自由度$(N-J)$に対応するので、その交わるところの値を見ればOKです。

　級間平均平方の自由度は$(J-1)=3-1=2$、級内平均平方の自由度は$(N-J)=2100-3=2097$になります。有意水準を5%とすると、自由度1が2、自由度2が∞（2097という値は表にないので、最も近い∞を見ます）の交わる部分のF値は2.996となっています。実際のF値は381.366ですから、限界値を上回っており、帰無仮説は棄却されます。すなわち、グループによる平均値の差はあると判断できます。

6　相関比は、従属変数（平均値）に対する独立変数（グループ）の影響力の強さを示す統計量で、「相関比＝級間平方和÷全体平方和」で定義され、最小値は0（影響力ゼロ）、最大値は1（影響力最大）になります。

第14章

回帰分析の基礎

....

第 14 章 の ポ イ ン ト

☐ 回帰式

☐ 回帰式の要素（切片・回帰係数・残差）

☐ 最小2乗法

☐ 決定係数

....

第14章の練習問題（解答つき）は、技術評論社ウェブサイトで
ご覧になれます。ぜひご利用ください。

いよいよ最後の分析法、回帰分析ね。

あれ、統計的検定が終わったら、また新しい分析法の話なの？
まあいいや、ついに僕の得意分野が来たね。

へ？　得意分野？

それで何を分析するのかな？　幽霊？　それとも妖怪？　あ、
ちなみに僕のお気に入りはマヨヒガだよ。ふふふ。

……何の話をしてるの。

カイキ分析って怪奇現象を分析するんでしょ。

だーかーらー、くだらないダジャレはやめなさいって！

まあまあ。回帰分析っていうのは、相関関係の分析の発展形だ
ね。複数の量的変数の関係を、$y = a + bx$という関数の形で把
握するのが回帰分析なんだ。

怪奇現象とぜんぜん関係ないじゃないですか。

あたり前でしょ！　でも先生、「回帰」って言葉の意味がよく
わからないんですけど、どういうことですか？

お、いい質問だね。「平均への回帰」って現象は知ってるか
な？　身長がすごく高い親の子どもは遺伝の影響でやっぱり身

長が高いんだけど、多くの場合、親の身長より低くなる傾向が
ある。つまり平均値に近づく。逆に、身長がすごく低い親の子
どもの身長も低めになるんだけど、親の身長より高くなる傾向
があって、やはり平均値に近づく。こんな風に、極端な結果の
次の結果が平均値に近づくことを「平均への回帰」と呼ぶんだ
よ。

 なるほど。それを分析するために編み出されたのが、回帰分析
というわけですね。

 いや、平均への回帰と回帰分析は、実はあまり関係がないらし
い。でも回帰分析という名称が定着してるから、まさに怪奇現
象だね。

 え？　それって嘘ですよね？

 うーん、よくわかんない。

 先生がそんなことでいいんですか！

 いいと思うよ（きっぱり）。ともかく、回帰分析は社会学に限
らずいろんな分野でよく使うし、より高度な統計分析の基礎に
なるから、きちんと理解しようね。

14-1
回帰分析とは

　図14−1は、あるカレー店の1日あたりの来客数と売上額を散布図にまとめたものです（架空例）。

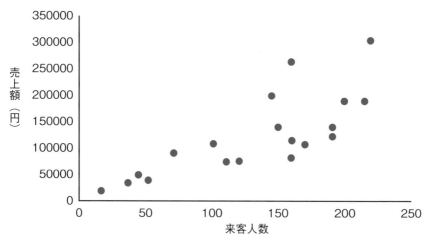

図14−1　某カレー店の来客数と売上額の関係（架空例）

　来客人数が多いほど売上額も高くなる傾向があることがわかります。ちなみに、来客数と売上額の相関係数は0.777です。

　相関係数を使えば図14−1のような変数間の関連が数値で把握できて便利です。しかし、一歩踏み込んで、変数間の関係を $y = a + bx$ のような方程式で表すことができると、さらに便利です。なぜなら、次のような計算が可能になるからです。

例1：来客数が300人だったら、売上額はどのくらいになるか。
例2：一日の売上額を30万円にするためには、どのくらいの来客数が必要か。

　来客数を*x*、売上額を*y*とすれば、「*y*（売上額）＝ *a* + *bx*（来客数）」という式を作ることができます。*a* と *b* の値がわかれば、*x* と *y* に数値を代入することで、「来客数が300人の場合の売上額」「売上額を30万円にするために必要な来客数」がわかります。こういった計算は、相関係数ではできません。

　このように、量的変数の関係を方程式（基本的に一次式）の形で把握する分析のことを「**回帰分析**」と呼びます。回帰分析は現代の統計学におけるもっとも重要な手法の1つです。この本では最後の登場となりましたが、現代の高度な統計手法は回帰分析を応用したものが多く、本格的な統計学の基礎となる手法といえます[1]。

　第14章と第15章では、回帰分析の基礎的な事項を説明します。回帰分析を本格的に説明しようとすると多数の数式が必要になるのですが、本書は数式の使用は最小限にとどめ、回帰分析の基本的な考え方と分析結果の読み方を解説します[2]。

1　一般に、3つ以上の変数の関係を同時扱う統計分析の手法のことを「多変量解析」と呼びます。多変量解析の方法は数多くありますが、その重要な基礎の1つが回帰分析です。

2　回帰分析を本格的に勉強したい方は、鹿野（2015）、毛塚（2022）などをお読みください。

14-2
回帰分析の
基本的な考え方

　回帰分析では、量的変数xとyの関係を$y = a + bx$という式で表現します。この式のことを「**回帰式**」と呼びます。(ただし、この回帰式は簡略化したものです。正式な回帰式は次の節で解説します。)

　回帰式は「yの値はxの値の変化にともなって変化する」ことを表現します。つまり、xが独立変数すなわち原因、yが従属変数すなわち結果という関係になります。カレー店の例の場合、売上額は来客数によって決まるので、客数がx、売上額がyです。

　回帰式$y = a + bx$のaを「**切片**」、bを「**回帰係数**」と呼びます。切片aは、xの値が0の時のyの値です。これは、中学校で習う一次関数と同じです。カレー店の例なら、来客がなかった場合($x = 0$の場合)の売上額が切片になります。(ただし、後で説明するように、切片の値は計算によって得られる理論的な値になる場合があります。)

　回帰係数bは、「xが一単位増えた時のyの増加量」を意味します。カレー店の例の場合、bが100であれば「来客が1人増えると店の売り上げが100円増加する」ことを意味します。また、回帰式$y = a + bx$をグラフにした場合の直線のことを「**回帰直線**」と呼びます。

　ここまでの説明をまとめると、図14 − 2のようになります。

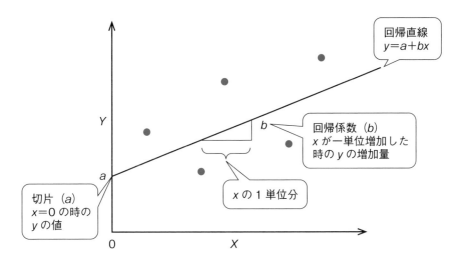

図14-2　回帰直線とグラフの対応関係

　回帰分析は、散布図におけるxとyの関係を、一本の直線（回帰直線）に要約して表現することに他なりません。

　ここで具体的な分析例を紹介しましょう。25歳から54歳までの働いている男性の個人年収（万円）を従属変数とし、年齢を独立変数とした回帰分析を行ったところ、以下のような結果になりました。

$$個人年収 = 49.1 + 10.8 年齢 \quad (N = 1{,}442)$$

2015年「社会階層と社会移動」全国調査データから計算

　切片の値は49.1です。これは「年齢が0の時の平均的な年収」を意味します。もちろん、現実には0歳児の平均収入が49万円ということはありえません。この値は、25歳から54歳までの働いている男性のデータから得られた年齢と年収の関係をもとにして「回帰直線を0歳まで延長したらどうなるか」を計算した、理論上の数値です。

　回帰係数は10.8なので、年齢が1歳増えると個人年収は平均的に10.8万円増加する関係にあることがわかります。

14-3
予測値と残差

xとyの関係を$y = a + bx$という回帰式で表現するとしても、実際のデータにおけるyの値が、回帰式から計算できる数値と完全に一致するとは限りません。

$y = a + bx$で求めることのできるyの値のことを「**予測値**」と呼びます。また、実際のデータにおけるyの値を「**観測値**」と呼びます。観測値は「y」、予測値は「$\hat{y}$」（ワイ・ハットと読みます）という記号を使います。予測値、観測値ともケースごとに存在するので、個体を表す記号iが添字につきます。式で表現すると、以下のようになります。

ケースiのyの観測値（実際の値）：y_i

ケースiのyの予測値：$\hat{y}_i = a + bx_i$

たとえば、前の節で得られた男性の個人年収の式にしたがうならば、40歳のＡさんの年収の予測値は$49.8 + (10.8 \times 40) ≒ 482$万円になるはずです。しかし実際のＡさんの年収（観測値）は700万円でした。

このような予測値と観測値のずれのことを「**残差**」と呼び、記号eで表します。残差もケースごとに異なるので、「ケースiの残差」という意味でe_iと表現します。

ケースiの残差：$e_i = y$の観測値 $- y$の予測値 $= y_i - \hat{y}_i$

さきほどの例の場合、Ａさんの年収の場合、観測値が700万円、予測値が482万円ですから、$700 - 482 = 218$がＡさんの残差になります。

　予測値、観測値および残差の関係をまとめると、図14-3のようになります。

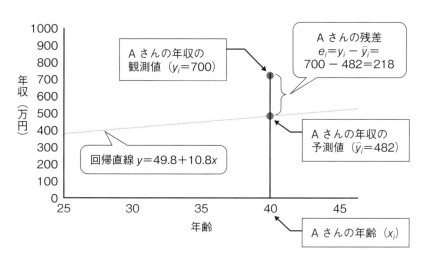

図 14-3　予測値、観測値、残差の関係

　ここまでに登場した要素、すなわち切片・回帰係数・残差をまとめると、次のような式になります。

$$y_i = a + bx_i + e_i$$

　これが回帰式の正式な形です。図14-1と図14-2で登場した回帰式には残差の項がありませんでしたが、残差が追加されたことに注意してください[3]。

　回帰式の記号の意味をもう一度確認しておきましょう。

3　残差項のない回帰式のことを「予測式」と呼びます。ということで、14-1と14-2で登場した回帰は、厳密には予測式です。

y：従属変数y（y_iは「i番目のケースのyの値」）

x：独立変数x（x_iは「i番目のケースのxの値」）

a：切片：$x = 0$の時のyの値（yの平均値）

b：回帰係数：回帰直線の傾き

e：残差：各ケースの観測値と予測値の差（e_iは「i番目のケースの残差」）

　従属変数yの値は、独立変数xと、それ以外の要因（残差）によって決まる、というのが回帰式の意味です。

14-4
回帰直線の引き方：
最小2乗法

　回帰式　$y_i = a + bx_i + e_i$ の場合、x_i と y_i はデータから得られるので、求める必要があるのは、切片（a）、回帰係数（b）、残差（e_i）の3つです。このうち残差は、切片と回帰係数がわかれば自動的に決まります。

　切片と回帰係数の値を求めるということは、散布図上に回帰直線を引くことと同じです。では、どうやって線を引けばいいのでしょうか。当然のことながら、でたらめに引くのはだめで、何らかの原理に基づいて計算する必要があります。

　回帰直線を引くための最も基本的な方法は「**最小2乗法**」と呼ばれる方法です。

　最小2乗法の考え方は、「残差を最小にするのが、最もよい回帰直線の引き方だ」というものです。回帰分析における残差は観測値と予測値のズレ（差）ですから、その差を最小にするのが良いと考えるのは理にかなっています。もちろん、データには複数の観測値が含まれるので、最小にするのはデータ全体の残差、すなわち各ケースの残差の合計です。

　とはいえ、最小2乗法で最小化するのは単なる残差の合計ではなく、「残差の2乗の合計」です。残差の2乗を合計する理由は、分散の計算（3−3）と同じです。残差には正の値と負の値があり、それらを単純に合計すると正負が相殺してしまいます。そこで、残差の値を正に統一するために2乗する必要があるのです。

　ここまでの説明を図にまとめたものが、図14−4です。

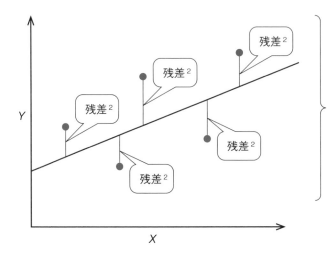

図14-4　最小2乗法のイメージ

　本書では最小2乗法の詳しい計算方法の解説は省略しますが、最小2乗法は計算の過程で微分を使用します。第3章で「絶対値記号を含む式はそのままの形では微分できないので、高度な統計手法に組み込む時に不便。それに対して、2乗項は簡単に微分できるので応用・発展という点で便利」と説明しましたが、このことは最小2乗法の計算にもあてはまるのです。

14-5
あてはまりの良さを
調べる：決定係数

　最小2乗法によって回帰直線を引いたとしても、回帰直線がデータに良くあてはまっている場合と、そうでない場合が考えられます。ここでの「あてはまり」とは、データの散布の様子と回帰直線がどの程度一致するかを意味します。

　図14−5には2つのグラフが示されています。図Aは、回帰直線とそれぞれの観測値の距離（残差）が小さく、全体としてデータと回帰直線がよく一致しています。これが回帰直線のあてはまりが良い場合です。これに対し、図Bは、回帰直線とそれぞれの観測値の距離（残差）が大きく、データと回帰直線が一致しているのかどうかよくわかりません。これが回帰直線のあてはまりが悪い場合です。

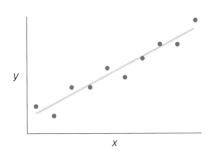

（A）回帰直線のあてはまりが
　　　良い場合

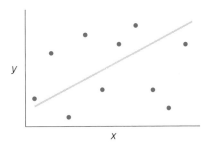

（B）回帰直線のあてはまりが
　　　良くない場合

図14−5　データと回帰直線のあてはまり

　この「あてはまり」の程度を数値で表現できれば何かと便利です。そのための数値が、決定係数です。

　第3章で説明したように、量的変数はちらばり（分散）を持ちます。回

帰分析の場合、変数の関係は$y_i = a + bx_i + e_i$になるので、「yの分散は、xによって作り出される部分と、残差（x以外の要因）によって作り出される部分がある」と考えることができます。これは、第13章で説明した分散分析における分散の分解と同じ考え方です。

yの分散＝xによって作り出される分散＋残差によって作り出される分散

　この3つの分散（ちらばり）の関係を図にすると、図14-6のようになります。

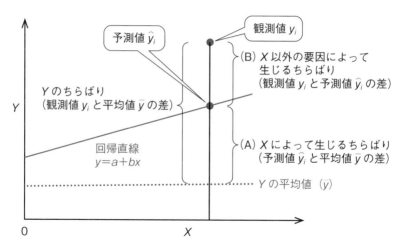

図14-6　ちらばりの分解

　ケースiにおけるYの観測値（y_i）とYの平均値（$\bar{y}$）の差（ちらばり）は「$y_i - \bar{y}$」になります。これは、分散の計算（3-3）で登場したものと同じです。この$y_i - \bar{y}$は2つの要素、（A）Yの予測値（回帰直線上のYの値）とYの平均値の差（$\hat{y_i} - \bar{y}$）と、（B）Yの予測値とYの観測値の差（$\hat{y_i} - y_i$）、に分解できます。

　（A）を言い換えると「Xの変化によって生じたYの値と、Yの平均値の差」になります。それゆえ、これを全ケース分まとめれば「Xによって

生じたYの分散」になります。同様に、（B）を全ケース分まとめれば「X以外の要素によって生じたYの分散」になるわけです。

　これらの関係から、Yの全分散に対する、Xによって作り出されるYの分散の比を計算することができます。この数値のことを「**決定係数**」と呼びます。決定係数は以下の式で定義されます。

　　決定係数＝yの分散のうちxによって作り出される分散÷yの全分散

　もし、yの値が回帰直線と完全に一致するのであれば、言い換えるとxのみによってyの分散のすべてが作り出されるのであれば、決定係数は1になります。逆に、yの分散がxの影響を全く受けないのであれば「xによって作り出される分散」は0になるので、決定係数は0になります。このように、決定係数は1から0の間の値をとり、その値が1に近いほどxによって作り出される分散の割合が大きいことを示します。

　なお、決定係数はR^2（アールじじょう）と表記します。決定係数は、予測値と観測値の相関係数（これを「**重相関係数**」と呼びます）を2乗したものと一致する性質があります。重相関係数はRと表記するので、決定係数はR^2となるのです。

　さきほどの個人収入を年齢と教育年数で分析した例の決定係数は0.090になります。つまり、個人収入の分散の9%が年齢の分散によって説明されていることを意味します。言い換えると、個人収入の分散の残り91%は、年齢以外の要因によって説明されるわけです。

14-6
回帰分析の
統計的検定

　ここまで、回帰分析の基本的な考え方を説明してきました。ここで注意が必要なのが、前節までの話は記述統計の範囲のもの、つまり「標本データの特徴はどうなっているか」を分析するものでした。

　ここから一歩踏み込んで、標本データから得られた結果から母集団がどうなっているかを知りたければ、推測統計学すなわち推定と統計的検定を行う必要があります。

　回帰分析の場合、計算の結果として得られるのは切片・回帰係数・決定係数の3つで、これらを対象に統計的検定を行う必要があります。

　この本では詳しい説明は省略しますが、回帰分析で統計的検定を行う対象、帰無仮説、検定の方法は表14−1のようになります。

表14−1　回帰分析における統計的検定

統計的検定の対象	帰無仮説	検定の方法
切片	母集団における切片aの値は0である（$a=0$）	t検定[1]
回帰係数	母集団における回帰係数bの値は0である（$b=0$）	t検定[1]
決定係数[2]	母集団における決定係数R^2の値は0である（$R^2=0$）	F検定（分散分析）

注1）切片と回帰係数に対しては、t検定以外の方法が用いられる場合もあります。
注2）分散分析（決定係数）の帰無仮説は厳密には異なりますが、実用上はこのように解釈しても大丈夫です。

　決定係数の統計的検定が分散分析であることは奇妙に見えるかもしれません が、そんなことはありません。すでに説明したように、決定係数は分散の分解によって得られる数値なので、分散分析を使用することができます。詳しい説明は省略しますが、回帰分析の数学的な性質は分散分析と共通性が高く、回帰分析は分散分析の特殊な形とみなすことができます[4]。

　統計的検定を行う場合、切片・回帰係数・決定係数はいずれも推定値になるので、誤差が発生します。このため、これら3つの値については、標準誤差を計算することができます。この標準誤差を利用すれば、各数値の信頼区間（10 − 3）を計算することが可能になります。

　なお、実際のデータ分析では、ここまでに述べてきたいろいろな計算は全てソフトウェアが行ってくれますので、面倒なことはありません。

4　さらに言えば、回帰分析と分散分析は「一般線形モデル」と呼ばれる統計モデルの枠組に包摂されます。要するに、回帰分析と分散分析は親戚どうしなのです。

14-7
分析結果を
表にまとめる

　統計的検定の結果も含めて回帰分析の結果を表にする場合は、表14－2のように作るのが一般的です。これは、14－2で示した男性の個人年収と年齢の回帰分析の結果を表にまとめたものです。

表14－2　個人年収の回帰分析の結果

	回帰係数（B）	標準誤差（S.E.）
切片	49.737[*]	37.376
年齢	10.790[*]	0.903
決定係数（R^2）	.090[*]	
N	1,442	

[*]$p < .05$

　回帰係数と決定係数に[*]（アスタリスク）がついていますが、これは統計的な有意性を示します。表の下に「[*]$p < .05$」とありますが、これは「[*]がついている数値は5%水準で統計的に有意」であることを意味します。表14－2の場合、切片の値は統計的に有意ではなく、年齢の回帰係数と決定係数は統計的に有意となります。

　なお、表14－2では有意水準のアスタリスクは1つしかありませんが、2つ（[**]）で有意水準1%（$p < .01$）、3つ（[***]）で有意水準0.1%（$p < .001$）を示すのが一般的です。

　表には標準誤差も掲載されています。標準誤差については10－3で解説しました。この表の場合、標準誤差は切片と回帰係数それぞれの推定で生じる誤差の大きさを示します。一般に、標準誤差が小さいほど推定の精度が高いことを示します。

第15章

重回帰分析

······

第15章のポイント

- □ 偏回帰係数
- □ 回帰係数の標準化
- □ ダミー変数

······

第15章の練習問題 (解答つき) は、技術評論社ウェブサイトでご覧になれます。ぜひご利用ください。

15-1
独立変数を増やす：
重回帰分析

　前章の説明では、回帰式における独立変数xは1つだけでした。しかし、現実には1つの結果（従属変数）に対して、複数の原因（独立変数）が存在することが珍しくありません。たとえば前章で分析した個人年収の場合、年齢以外にも、学歴、職業、従業上の地位（雇用形態）、企業規模、労働時間、勤続年数など様々な変数が収入に影響することが考えられます。

　回帰分析では、独立変数を複数設定することで、従属変数に対する複数の独立変数の影響を同時に分析することができます。独立変数が複数（2つ以上）の回帰分析を「**重回帰分析**」と呼びます。これに対し、独立変数が1つだけの回帰分析は「単回帰分析」と呼びます。

　社会学で扱う問題に限りませんが、1つの結果に対し複数の原因が存在する現象は決して珍しくありません。というより、その方が普通でしょう。このため重回帰分析は、社会学だけでなく、様々な研究分野で標準的な分析法となっています。

　重回帰分析の回帰式は以下のようになります。

$$y_i = a + b_1 x_{1i} + b_2 x_{2i} + b_3 x_{3i} + \dots + b_m x_{mi} + e_i$$

　独立変数xが複数になるので、それを区別するためにx_1、x_2という添字がつきます。数字の後ろにさらにiという添字が付いていますが、x_{1i}は独立変数x_1のi番目のケース、x_{2i}は独立変数x_2のi番目のケース、x_{mi}は独立変数x_mのi番目のケースを意味します。

　同様に、回帰係数もb_1、b_2、$\dots$、b_mのようにxの番号に対応した添字がつきます。それ以外は、独立変数が1つの場合の回帰分析と変わりません。つまり、切片aと残差e_iは、重回帰分析の場合も1つだけです。

　重回帰分析における回帰係数のことを「**偏回帰係数**」と呼びます。ここ
での「偏」は偏相関係数（8 - 3）の場合と同じく「他の変数の影響をコ
ントロールした」という意味です。計算方法の詳細は省略しますが、重回
帰分析で得られる個々の回帰係数は、他の独立変数の影響をコントロール
したものになっています[1]。

　重回帰分析における変数の関係は、図15 - 1のようになります。

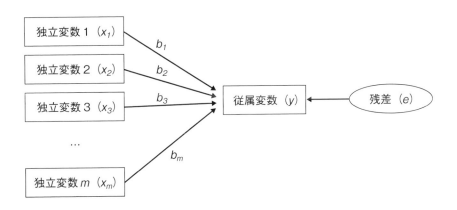

図 15−1　重回帰分析のイメージ

　重回帰分析の具体例として、個人年収の分析を再検討してみましょう。
前述のように、個人年収に影響する変数としては年齢の他に、学歴、職
業、役職、労働時間など様々な要因が考えられます。ここでは、独立変数
に学歴を追加してみましょう。ひとくちに学歴といっても様々な処理のし
かたがあるのですが、ここでは「教育年数」を用います。教育年数とは、

1　偏回帰係数を正確に計算するには、「独立変数間の相関係数が
　0であること」という条件がつきます。現実には独立変数間の
　相関係数が0でない場合が多く、独立変数間の相関が強い場合
　は多重共線性という問題が発生します。多重共線性の解説は本
　書では省略します。

学歴を「教育を受けた年数」に変換したものです。中卒なら9、高卒なら12、短大・高専なら14、大卒なら16となり、学歴を量的変数として扱えます。

計算の結果、回帰式は次のようになります。

個人年収 $= -482.8 + 11.7$ 年齢 $+ 36.3$ 教育年数 　$(N = 1,442, R^2 = 0.171)$

25歳から54歳までの有職男性のみ
2015年「社会階層と社会移動」全国調査データから計算

教育年数を加えたことによって、回帰式の数値が変化しました。まず、切片の値が負になっていますが、これは「年齢および教育年数が0の場合の平均的な年収」を意味します。分析に用いたデータの場合、年齢および教育年数は0にはならないので、やはり理論上の数値と考えてください[2]。

次に、年齢の回帰係数は11.7です。これは、他の独立変数（この場合は教育年数）の影響をコントロールした時に、年齢が1歳増えると個人年収が11.7万円増えることを意味します。年齢のみを独立変数とした分析（14－2）では、年齢の回帰係数は10.8でした。回帰式に教育年数を追加し、その影響をコントロールしたことで、年齢の回帰係数が微妙に変化したわけです。同様に、教育年数の偏回帰係数は36.3で、教育年数が1増えると、個人年収が36.3（万円）増えることを意味します。

なお、この回帰式の決定係数（R^2）は0.171です[3]。このことは、個人年収の分散の17.1％が、年齢と教育年数の分散によって決まることを意味します。

2　収入が負になることはあり得ないので、仮想的な結果だとしてもおかしいと考える読者もいるかもしれません。実際その通りで、予測値が理論上ありえない値になる問題を解決する方法もあるのですが（トービットモデルなど）、この本の範囲を越えるので説明は省略します。

3　重回帰分析の場合、独立変数の数を増やすと決定係数が上昇しやすいという性質があります。そのため重回帰分析では、独立変数の数の影響を調整した「調整済決定係数」を用いる場合もあります。本書では調整済決定係数の説明は省略し、通常の（調整しない）決定係数を使用します。

15-2
回帰係数の標準化

　前節の個人年収の例では、年齢と教育年数が年収に影響していることは
わかりましたが、2つの独立変数のどちらが年収に与える影響が強いのか
は、偏回帰係数の値だけでは十分に判断できません。なぜなら、偏回帰係
数はもとの変数の単位や平均値・分散などの影響を受けるので、値の大き
さを直接比較することができない場合があるからです。

　そこで、偏回帰係数を標準化して単位の影響を取り除けば、相関係数の
ように複数の係数の値を直接比較することが可能になります。

　回帰係数を標準化する方法は簡単で、分析の際に変数をすべて標準化し
た上で回帰分析を行えば、回帰係数も標準化されたものになります。標準
化された回帰係数のことを「**標準化回帰係数**」（重回帰分析の場合は「**標
準化偏回帰係数**」）と呼びます。実際のデータ分析では、標準化の処理は
統計分析ソフトが自動的に行ってくれるので、特別なことをする必要はあ
りません。

　15－1の分析の標準化偏回帰係数は次のようになります。

$$個人年収 = 0.33\,年齢 + 0.29\,教育年数 \quad (N = 1{,}442,\ R^2 = 0.171)$$

25歳から54歳までの有職男性のみ
2015年「社会階層と社会移動」全国調査データから計算

　回帰式に切片の項がないのは、標準化によって切片＝0になるからで
す。標準化偏回帰係数は年齢が0.33、教育年数が0.29なので、年齢と教育
年数の効果はほぼ同じ、あえて言えば年齢の方が個人年収に与える影響が
わずかに大きいことがわかります。

　標準化しない回帰係数は、**独立変数が1単位増えた時の従属変数の増加
量**を示します。たとえば、年齢の係数が11.7であれば、年齢が1歳増える

と年収が11.7万円増える、という意味です。

　標準化した回帰係数は、独立変数が1単位増えた時の変化量ではなく、**標準化した独立変数が標準偏差1つぶん増えた時の、標準化した従属変数の変化量**を示します。上記の回帰式の場合、年齢の標準化偏回帰係数は0.33です。つまり「標準化した年齢が標準偏差1つ分増えると、標準化した個人年収が0.33増える」ということになります。同様に、教育年数の標準化偏回帰係数は0.29です。これは「標準化した教育年数が標準偏差1つ分増えると、標準化した個人年収が0.29増える」ことを意味します。標準化しない回帰係数と標準化した回帰係数の違いはとても大事ですので、よく理解してください。

　なお、単回帰分析の場合、標準化回帰係数はxとyの相関係数に一致しますが、重回帰分析の場合は標準化偏回帰係数は相関係数とは必ずしも一致しません。また、相関係数とは異なり、標準化偏回帰係数の最大値は絶対値で1を越える場合があります。

15-3
ダミー変数

　回帰分析で扱えるのは、基本的には従属変数・独立変数とも量的変数ですが、独立変数に関しては質的変数を使うこともできます[4]。

　とはいっても、質的変数をそのままの形で独立変数にすることはできません。質的変数を独立変数にする場合は、質的変数を「ダミー変数」に変換する必要があります。

　ダミー変数とは、「0」と「1」の2つの値しか持たない変数のことです。ここで重要なのは、2つの値は必ず「0」と「1」でなければならないということです。2つの値なら何でもいいわけではありません。たとえば「1と2」とか「5と8」ではだめです。

　質的変数のカテゴリー数が2の場合は、どちらかを0、どちらかを1に置き換えます。たとえば、性別の場合、男性を0、女性1をとすると、（男性と比較した場合の）女性の効果を知ることができます[5]。

　例として、個人年収の分析に性別のダミー変数を加えてみましょう。いままで分析したデータは25歳から54歳までの仕事を持つ男性のみでしたが、ここでは25歳から54歳までの仕事を持つ男女に対象を拡大して、年齢と性別を独立変数とした回帰分析を行ってみます。性別は、男性＝0、女性＝1のダミー変数です。結果は次のようになります。

4　従属変数が質的変数の場合の回帰分析として、ロジスティック回帰分析や多項ロジットモデルがありますが、本書では省略します。

5　ダミー変数の基準となる（ダミー変数にならない）カテゴリーのことを「基準カテゴリー」と呼びます。男性＝0、女性＝1の場合は男性が基準カテゴリーです。

$$個人年収 = 260.164 + 5.605 \, 年齢 - 262.059 \, 性別$$

$$(N = 2{,}904, \, R^2 = 0.248)$$

25歳から54歳までの有職者のみ
2015年「社会階層と社会移動」全国調査データから計算

　この式の意味は、ダミー変数に数値を代入して回帰式を整理するとわかりやすくなります。

男性の場合（性別 = 0の場合）

$$個人年収 = 260.164 + 5.605 \, 年齢 - 262.059 \, 性別 \, （= 0）$$
$$= 260.164 + 5.605 \, 年齢$$

女性の場合（性別 = 1の場合）

$$個人年収 = 260.164 + 5.605 \, 年齢 - 262.059 \, 性別 \, （= 1）$$
$$= 260.164 + 5.605 \, 年齢 - 262.059$$
$$= -1.895 + 5.605 \, 年齢$$

　男性の場合は性別 = 0なので性別の項が消えます。女性の場合は性別 = 1なので性別の係数が残り、切片の値を引き下げます。このことは、女性の平均年収は男性よりも低い（年齢が0歳の場合の男性の平均年収は260万円、女性の平均年収は - 1.9万円）ことを意味します。

　これを図で表現すると、図15 - 2のようになります。ダミー変数を用いることで、切片の異なる2つの回帰直線（男性の場合と女性の場合）を引くことができ、男女の場合分けが可能になることがわかります[6]。

6　図15 - 2では、2つのグループ（男性と女性）の回帰係数の大きさは同じなので、2本の回帰直線は平行になります。しかし、2つのグループの間で回帰係数の大きさが異なる（2本の回帰直線が平行にならない）こともありえます。7 - 5で解説した交互作用効果が生じている場合、2つのグループの間で回帰係数の大きさが異なります。重回帰分析でも交互作用効果を扱うことができますが、本書では省略します。

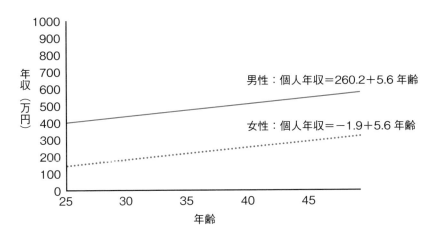

図 15－2　ダミー変数による回帰直線の場合分け

15-4
重回帰分析の結果の
まとめかた

　最後に、回帰分析の結果の示し方について説明しましょう。ここまでの
例では、回帰分析の結果を回帰式の形で示してきました。しかし、実際に
は表形式でまとめるのが一般的です。

　表15－1は、個人年収を従属変数とし、女性（性別ダミー）と年齢を独
立変数とした重回帰分析の結果（15－3の結果）をまとめたものです。表
15－1には回帰係数が2種類示されていますが、標準化しない回帰係数の
記号はB、標準化した回帰係数の記号は β（ベータ）と表記するのが一般
的です。

表15－1　個人年収の回帰分析の結果

	回帰係数 (B)	標準誤差 (S.E.)	標準化回帰係数 (β)
切片	260.164*	22.975	
女性	−262.059*	8.831	−0.478
年齢	5.605*	0.545	0.166
決定係数（R^2）		.248*	
N		2,904	

* $p < .05$

　まず、「回帰係数（B）」の部分に注目しましょう。表15－1の場合、切
片、2つの回帰係数（女性ダミーと年齢）、決定係数のすべてにアスタリ
スク（*）がついているので、すべて5％水準で統計的に有意と判断できま
す。

　表15－1には、標準化回帰係数（ β ）も表示されています。第14章の
単回帰分析の表（表14－2）では標準化回帰係数が表示されていませんで

した。単回帰分析の場合は標準化回帰係数を示す必要性があまり高くありませんが、重回帰分析の場合は複数の独立変数の間での効果の比較に関心があることも多いので、標準化回帰係数も表に追加するのが一般的です。

表15−1には女性ダミーの標準化回帰係数も表示されています。通常の独立変数と同様、ダミー変数についても標準化回帰係数を計算することができます。ただし、ダミー変数の標準化回帰係数は解釈しにくいので、分析結果を見る際は標準化しない回帰係数を見た方が良いでしょう。

エピローグ **本当の戦いはこれからだ！**

 これでこの本も終わり。ということで、統計学の基礎は完ぺきよね！

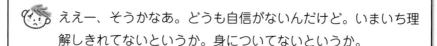 ええー、そうかなあ。どうも自信がないんだけど。いまいち理解しきれてないというか。身についてないというか。

 あんたねえ……。

いやいや、その感覚は正しいと思うよ。この本に書いてあることが全部理解できたとしても、それだけでは統計学が身についたことにはならないんだ。

はあ？　じゃあ私たちが今までやってきたことは何だったんですか。読者様から「金と時間を返せこの野郎！」っていう苦情が来ますよ。

っていうか、もう全国津々浦々から来てるよ。読者様の怨念が月の裏のクレーターで増幅されて……す、すごい強さだ……頭が割れそうだよ……。

あんたが余計なこと言ったからでしょ。

この本で勉強したことは、あくまでも統計学の基礎知識だよね。料理で言えばレシピを知っただけ、自動車学校で言えば学

科をこなしただけなんだ。料理を作るためにはレシピを知っていなければならないけど、だからといって実際に作れるとは限らないよね。

 たしかに。お菓子なんて結構難しいんですよね。

 「自動車の運転のしかたや交通ルールを知っている」ということと「実際に自動車を運転できる」ということも違う。

 そうなんです。僕、某自動車運転ゲームでは無敵ですが、リアル自動車学校では1年たっても路上に出してもらえません。

 料理にしても運転にしても、実際にできるようになってはじめて、身についたと言えるよね。統計学もそうなんだ。

 じゃあ、統計学を本当に身につけるためにはどうすればいいんですか？

 この壺を買って、毎日拝むといいよ。

 わあ、立派な壺ですね。いくらですか？　え？　100万円!?

 そういう怪しい冗談はやめて、さっさと本当のことを言ってください！

 実際にデータを分析するしかないね。料理や運転と同じで、何度も練習したり試行錯誤するしかない。

まあ、そりゃそうですよね。

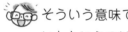 そういう意味では「本を読んだけど、いまいちよくわからない」というのは当然の感想なんだ。

 ……先生、それって教える側の逃げというか、きちんと教えられなかったことの言い訳なんじゃないですか?

 ぎくっ(汗)。うーん、確かにそういう面も否定できなくもないけど……。

 あら、否定しないんだ。

 でも、統計学はデータ分析の科学なんだから、本当に身につけるためには実際にいろんなデータを分析するしかないんだよ。データ分析の経験を積むことで、学んだ知識がより深く理解できるようになることも珍しくないしね。

 あー、だから「本当の戦いはこれからだ!」なんて、打ち切りをくらった少年マンガの最終回みたいなタイトルなんですね。この会話。

 そうそう。料理で言えば、みんなはカレーの作り方を知ったところ。でも、作り方を知っていれば作れるとは限らないし、作れたとしてもおいしく作れるとは限らないよね。おいしいカレーを作るためには、やっぱり経験を積まなくちゃ。実践は最高の教師だよ。

「おいしいカレー」って、データ分析で言えばどういうことなんですか？

そりゃ、「良い分析」だよ。データは、正しく分析して、その結果をきちんと理解・説明して、はじめて情報として価値をもつんだ。それが「良い分析」ってこと。実は、分析結果の「理解や説明」を行う部分が一番大切で、なおかつ一番難しいんだけど、それはまた別の機会に説明しよう。

え、一番大切な部分がないの？　本当に打ち切りマンガみたいですね。

えー、統計学の修行の道のりはまだまだ続くので、読者の皆さんも頑張ってくださいね。大学生の皆さんは、社会調査実習、データ分析演習、卒業論文みたいな、実際のデータ分析を練習できる機会をなるべく生かしましょう。せっかく高い学費を払ってるんだから、頑張って勉強してね！

社会人の皆さんは、気になる社会現象や社会問題について、インターネットで統計データを入手して、それを自分で加工・分析してみるといいですよ。政府が行っている統計調査データの多くは、インターネットで入手できます。

それでは皆さん、さようなら。神林先生と三輪先生の次回作にご期待ください！

……ないわよ、そんなの。

◆本書で使用したデータについて

(1) 「社会階層と社会移動」全国調査（SSM調査）データの使用にあたっては、2025
年SSM調査データ管理委員会の許可を得た。

(2) 本書の作成に当たり、東京大学社会科学研究所附属社会調査・データアーカイブ
研究センター SSJデータアーカイブから日本版総合的社会調査（JGSS調査）2006
年調査の個票データの提供を受けた。

日本版General Social Surveys（JGSS）は、大阪商業大学JGSS研究センター（文部
科学大臣認定日本版総合的社会調査共同研究拠点）が、東京大学社会科学研究所
の協力を受けて実施している研究プロジェクトである。

(3) 「働き方とライフスタイルの変化に関する全国調査」（JLPS調査）データの使用に
あたっては、東京大学パネル調査プロジェクトの許可を得た。なお同プロジェク
トは、科学研究費補助金基盤研究（S）（22223005）の助成を受けて実施している。

◆本書の図表で使用した社会調査データのサイト案内（日本語名五十音順：2024年1月現在）

1. 「アメリカ合衆国国勢調査（1930年）」（U.S. Census Bureau）
   https://www.archives.gov/research/census/1930
2. 「国民生活に関する世論調査」（内閣府）
   https://survey.gov-online.go.jp/index-ko.html
3. 「社会階層と社会移動」全国調査
   ※東京大学社会科学研究所附属社会調査・データアーカイブから入手可能
   https://csrda.iss.u-tokyo.ac.jp/infrastructure/
4. 「主な年齢の平均余命の年次推移」（厚生労働省）
   https://www.mhlw.go.jp/toukei/saikin/hw/life/life22/index.html
5. 「賃金構造基本統計調査」（厚生労働省）
   http://www.mhlw.go.jp/toukei/itiran/roudou/chingin/kouzou/detail/index.html
6. 「日本人の国民性」調査（統計数理研究所）
   （1）2013年調査以前
   https://www.ism.ac.jp/kokuminsei/table/index.htm
   （2）2018年調査
   https://www.ism.ac.jp/survey/index_ks14.html
7. 「日本版総合的社会調査」（大阪商業大学JGSS研究センター）
   http://jgss.daishodai.ac.jp/
8. 「人間開発報告書Human Development Reports」（UNDP）
   http://hdr.undp.org/en/
9. 「働き方とライフスタイルの変化に関する全国調査」（東京大学社会科学研究所）

https://csrda.iss.u-tokyo.ac.jp/socialresearch/JLPSYM/

10. 「一人あたりGDP（米ドル換算）」（World Bank）
    http://www.worldbank.org/

11. 「民間給与実態統計調査」（国税庁）
    https://www.nta.go.jp/publication/statistics/kokuzeicho/minkan2022/minkan.htm

12. 「野菜生産出荷統計」（農林水産省）※「政府統計の総合窓口（e-stat）」の「主要野菜計（全国）の作付面積、収穫量及び出荷量累年統計」から入手
    https://www.e-stat.go.jp/stat-search/files?page=1&toukei=00500215

13. 総務省「労働力調査」※独立行政法人労働政策研究・研修機構の「早わかり　グラフでみる長期労働統計」に掲載の「雇用形態別雇用者数」の表を使用。
    https://www.jil.go.jp/kokunai/statistics/timeseries/html/g0208.html

◆参考文献

1. H．B．アッシャー（広瀬弘忠訳）．1980．『因果分析法』朝倉書店
2. G．W．ボーンシュテット＆D．ノーキ（海野道郎・中村隆監訳）．1992．『社会統計学』ハーベスト社
3. P．G．ホーエル（浅井晃・村上正康訳）．1981．『初等統計学』培風館
4. 岩井紀子・保田時男．2007．『調査データ分析の基礎－JGSSデータとオンライン集計の活用』有斐閣
5. 大竹文雄．2005．『経済学的思考のセンス』中公新書
6. Robinson, W.S. 1950. "Ecological Correlations and the Behavior of Individuals." American Sociological Review 15（3）:351-357.
7. 盛山和夫．2004．『社会調査法入門』有斐閣
8. 数理社会学会（監修）．2006．『社会の見方、測り方－計量社会学への招待』勁草書房
9. 轟亮・杉野勇・平沢和司（編）．2021．『入門・社会調査法［第4版］－2ステップで基礎から学ぶ』法律文化社
10. 森敏明・吉田寿夫．1990．『心理学のためのデータ解析テクニカルブック』北大路書房
11. 永田靖．1996．『統計的方法のしくみ』日科技連出版社
12. 原純輔・海野道郎．2004．『社会調査演習［第2版］』東京大学出版会
13. 岡太彬訓・都築誉史・山口和範．1995．『データ分析のための統計入門』共立出版
14. Fisher, Ronald A. 1935. "The Design of Experiments"（＝遠藤健児・鍋谷清治訳．1971．『実験計画法』森北出版）
15. 鹿野繁樹．2015．『新しい計量経済学』日本評論社
16. 毛塚和宏．2022．『社会科学のための統計学入門』講談社

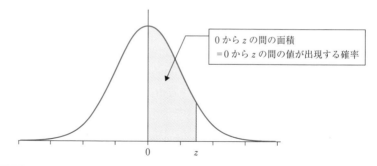

z	.00	.01	.02	.03	.04	.05	.06	.07	.08	.09
0.0	0.000	0.004	0.008	0.012	0.016	0.020	0.024	0.028	0.032	0.036
0.1	0.040	0.044	0.048	0.052	0.056	0.060	0.064	0.067	0.071	0.075
0.2	0.079	0.083	0.087	0.091	0.095	0.099	0.103	0.106	0.110	0.114
0.3	0.118	0.122	0.126	0.129	0.133	0.137	0.141	0.144	0.148	0.152
0.4	0.155	0.159	0.163	0.166	0.170	0.174	0.177	0.181	0.184	0.188
0.5	0.191	0.195	0.198	0.202	0.205	0.209	0.212	0.216	0.219	0.222
0.6	0.226	0.229	0.232	0.236	0.239	0.242	0.245	0.249	0.252	0.255
0.7	0.258	0.261	0.264	0.267	0.270	0.273	0.276	0.279	0.282	0.285
0.8	0.288	0.291	0.294	0.297	0.300	0.302	0.305	0.308	0.311	0.313
0.9	0.316	0.319	0.321	0.324	0.326	0.329	0.331	0.334	0.336	0.339
1.0	0.341	0.344	0.346	0.348	0.351	0.353	0.355	0.358	0.360	0.362
1.1	0.364	0.367	0.369	0.371	0.373	0.375	0.377	0.379	0.381	0.383
1.2	0.385	0.387	0.389	0.391	0.393	0.394	0.396	0.398	0.400	0.401
1.3	0.403	0.405	0.407	0.408	0.410	0.411	0.413	0.415	0.416	0.418
1.4	0.419	0.421	0.422	0.424	0.425	0.426	0.428	0.429	0.431	0.432
1.5	0.433	0.434	0.436	0.437	0.438	0.439	0.441	0.442	0.443	0.444
1.6	0.445	0.446	0.447	0.448	0.449	0.451	0.452	0.453	0.454	0.454
1.7	0.455	0.456	0.457	0.458	0.459	0.460	0.461	0.462	0.462	0.463
1.8	0.464	0.465	0.466	0.466	0.467	0.468	0.469	0.469	0.470	0.471
1.9	0.471	0.472	0.473	0.473	0.474	0.474	0.475	0.476	0.476	0.477
2.0	0.477	0.478	0.478	0.479	0.479	0.480	0.480	0.481	0.481	0.482
2.1	0.482	0.483	0.483	0.483	0.484	0.484	0.485	0.485	0.485	0.486
2.2	0.486	0.486	0.487	0.487	0.487	0.488	0.488	0.488	0.489	0.489
2.3	0.489	0.490	0.490	0.490	0.490	0.491	0.491	0.491	0.491	0.492
2.4	0.492	0.492	0.492	0.492	0.493	0.493	0.493	0.493	0.493	0.494
2.5	0.494	0.494	0.494	0.494	0.494	0.495	0.495	0.495	0.495	0.495
2.6	0.495	0.495	0.496	0.496	0.496	0.496	0.496	0.496	0.496	0.496
2.7	0.497	0.497	0.497	0.497	0.497	0.497	0.497	0.497	0.497	0.497
2.8	0.497	0.498	0.498	0.498	0.498	0.498	0.498	0.498	0.498	0.498
2.9	0.498	0.498	0.498	0.498	0.498	0.498	0.498	0.499	0.499	0.499

注：表の左と上の見出しからzの値を読み、その交差点で0からzまでの確率（密度）を得る.

付録2　カイ2乗分布表：カイ2乗検定における限界値

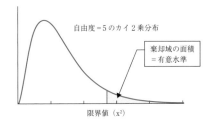

自由度＝5のカイ2乗分布

棄却域の面積
＝有意水準

限界値（x²）

付録3　t分布表：t検定における限界値

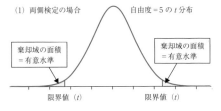

（1）両側検定の場合　　　　　　　　自由度＝5のt分布

棄却域の面積
＝有意水準

棄却域の面積
＝有意水準

限界値（t）　　　　　　　限界値（t）

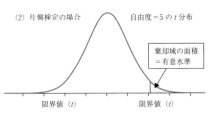

（2）片側検定の場合　　　　　　　　自由度＝5のt分布

棄却域の面積
＝有意水準

限界値（t）　　　　　　　限界値（t）

出典：山内二郎（編）．1972．『統計数値表：JSA-1972』
日本規格協会の表を要約した。

自由度	有意水準		
	片側 10%	片側 5%	片側 1%
1	2.706	3.841	6.635
2	4.605	5.991	9.210
3	6.251	7.815	11.345
4	7.779	9.488	13.277
5	9.236	11.070	15.086
6	10.645	12.592	16.812
7	12.017	14.067	18.475
8	13.362	15.507	20.090
9	14.684	16.919	21.666
10	15.987	18.307	23.209
11	17.275	19.675	24.725
12	18.549	21.026	26.217
13	19.812	22.362	27.688
14	21.064	23.685	29.141
15	22.307	24.996	30.578
16	23.542	26.296	32.000
17	24.769	27.587	33.409
18	25.989	28.869	34.805
19	27.204	30.144	36.191
20	28.412	31.410	37.566

自由度	有意水準		
	両側10%	両側5%	両側 1%
	片側 5%	片側2.5%	片側0.5%
1	6.314	12.706	63.657
2	2.920	4.303	9.925
3	2.353	3.182	5.841
4	2.132	2.776	4.604
5	2.015	2.571	4.032
6	1.943	2.447	3.707
7	1.895	2.365	3.499
8	1.860	2.306	3.355
9	1.833	2.262	3.250
10	1.812	2.228	3.169
11	1.796	2.201	3.106
12	1.782	2.179	3.055
13	1.771	2.160	3.021
14	1.761	2.145	2.977
15	1.753	2.131	2.947
16	1.746	2.120	2.921
17	1.740	2.110	2.898
18	1.734	2.101	2.878
19	1.729	2.093	2.861
20	1.725	2.086	2.845
30	1.697	2.042	2.750
40	1.684	2.021	2.704
60	1.671	2.000	2.660
120	1.658	1.980	2.617
∞	1.645	1.960	2.576

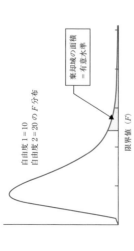

自由度1＝10
自由度2＝20のF分布

棄却域の面積
＝有意水準

限界値（F）

出典：山内二郎（編）．1972．『統計数値表：JSA-1972』日本規格協会の表を要約した。

有意水準5%の場合

自由度2						自由度1							
	1	2	3	4	5	6	7	8	9	10	20	30	∞
1	161.448	199.500	215.707	224.583	230.162	233.986	236.768	238.883	240.543	241.882	248.013	250.095	254.314
2	18.513	19.000	19.164	19.247	19.296	19.330	19.353	19.371	19.385	19.396	19.446	19.462	19.496
3	10.128	9.552	9.277	9.117	9.013	8.941	8.887	8.845	8.812	8.786	8.660	8.617	8.526
4	7.709	6.944	6.591	6.388	6.256	6.163	6.094	6.041	5.999	5.964	5.803	5.746	5.628
5	6.608	5.786	5.409	5.192	5.050	4.950	4.876	4.818	4.772	4.735	4.558	4.496	4.365
6	5.987	5.143	4.757	4.534	4.387	4.284	4.207	4.147	4.099	4.060	3.874	3.808	3.669
7	5.591	4.737	4.347	4.120	3.972	3.866	3.787	3.726	3.677	3.637	3.445	3.376	3.230
8	5.318	4.459	4.066	3.838	3.687	3.581	3.500	3.438	3.388	3.347	3.150	3.079	2.928
9	5.117	4.256	3.863	3.633	3.482	3.374	3.293	3.230	3.179	3.137	2.936	2.864	2.707
10	4.965	4.103	3.708	3.478	3.326	3.217	3.135	3.072	3.020	2.978	2.774	2.700	2.538
20	4.351	3.493	3.098	2.866	2.711	2.599	2.514	2.447	2.393	2.348	2.124	2.039	1.843
30	4.171	3.316	2.922	2.690	2.534	2.421	2.334	2.266	2.211	2.165	1.932	1.841	1.622
60	4.001	3.150	2.758	2.525	2.368	2.254	2.167	2.097	2.040	1.993	1.748	1.649	1.389
120	3.920	3.072	2.680	2.447	2.290	2.175	2.087	2.016	1.959	1.910	1.659	1.554	1.254
∞	3.841	2.996	2.605	2.372	2.214	2.099	2.010	1.938	1.880	1.831	1.571	1.459	1.000

自由度1（グループ間の自由度）＝カテゴリー数(J)－1
自由度2（グループ内の自由度）＝ケース数(N)－カテゴリー数(J)

索　引

■**執筆者略歴**

神林博史（かんばやし　ひろし）
東北学院大学人間科学部　教授
1971年長野県生まれ。金沢大学文学部行動科学科卒業、東北大学大学院文学研究科博士後期課程修了。博士（文学・東北大学）。
研究分野は社会意識論、社会階層論。

三輪哲（みわ　さとし）
立教大学社会学部　教授
1972年静岡県生まれ。早稲田大学第一文学部哲学科卒業、東北大学大学院文学研究科博士後期課程修了。博士（文学・東北大学）。
研究分野は社会階層・社会移動、計量社会学。

本書の最新情報は、右の QR コードから
書籍サイトにアクセスの上、ご確認ください。

【改訂新版】社会調査のための統計学
～生きた実例で理解する～

| 2011年 8月25日 | 初 版 第1刷発行 |
| 2024年 5月25日 | 第2版 第1刷発行 |

著 者　神林博史・三輪 哲
発行者　片岡 巌
発行所　株式会社技術評論社
　　　　東京都新宿区市谷左内町21-13
　　　　電話　03-3513-6150　販売促進部
　　　　　　　03-3267-2270　書籍編集部
印刷／製本　昭和情報プロセス株式会社

定価はカバーに表示してあります。

●人形作成　白石佳子
●装　　丁　小島トシノブ／齊藤四歩 (NONdesign)
●制　　作　株式会社 森の印刷屋

ISBN978-4-297-14146-2　C3036
Printed in Japan